Anselm Grün

# Vergiss das Beste nicht

# HERDER spektrum

Band 4864

Das Buch

Jeder Tag kann ein Geschenk sein. Jeder Tag ist Lebenszeit, in der wir dem Glück begegnen und Lebensfreude finden können. Anselm Grün weiß, was der Seele wirklich gut tut und was unser Herz braucht, damit wir innere Ruhe und Frieden finden können. Er greift Sehnsüchte auf, gibt konkrete Antworten auf tiefe Fragen, und sagt, was wirklich zählt. Der Begleiter für den Alltag – 365 Anregungen für das ganze Jahr. Ein sehr praktisch verwendbares, spirituelles und inspirierendes Buch eines bedeutenden spirituellen Meisters.

Der Autor

Anselm Grün OSB, geb. 1945, verwaltet die Benediktinerabeit Münsterschwarzach. Außerdem ist er geistlicher Berater und als Kursleiter tätig – für Meditation, tiefenpsychologische Auslegung von Träumen, Fasten und Kontemplation. Zahlreiche Veröffentlichungen. Bei Herder Spektrum u. a.: 50 Engel für das Jahr (Band 4902); Herzensruhe (Band 4925); Weihnachten – einen neuen Anfang feiern (Band 4935); Jeder Mensch hat einen Engel (Band 4885); 50 Engel für die Seele; Das kleine Buch vom wahren Glück (Band 7007); (zusammen mit Maria-M. Robben) Finde deine Lebensspur. Die Wunden der Kindheit heilen – Spirituelle Impulse; Grenzen achten – Grenzen setzen. Spirituelle Impulse; Buch der Lebenskunst; Buch der Sehnsucht; Mein Weg ins Weite; Das kleine Buch der Engel; Das kleine Buch der Lebenslust.

Der Herausgeber

Anton Lichtenauer, Dipl. theol., M. A., Herausgeber mehrerer Sammelbände. Lebt bei Freiburg.

Anselm Grün

# Vergiss das Beste nicht

## Inspirationen für jeden Tag

Herausgegeben von Anton Lichtenauer

HERDER

FREIBURG · BASEL · WIEN

Gedruckt auf umweltfreundlichem,
chlorfrei gebleichtem Papier

Originalausgabe

8. Auflage


www.herder.de
Herstellung: fgb · freiburger graphische betriebe 2004
www.fgb.de
Umschlaggestaltung und Konzeption:
R·M·E München / Roland Eschlbeck, Liana Tuchel
Umschlagfoto: © photonica
ISBN 3-451-04864-7

# ꟃ Vorwort ꟃ

von Anton Lichtenauer

Wie wir mit unseren Wünschen umgehen, davon erzählen viele Märchen – aber gleichzeitig auch davon, daß es viele gar nicht recht wissen, was eigentlich „gut“ und wünschenswert ist für sie. Da wünscht sich zum Beispiel ein Bauer, dem eine Fee drei Wünsche frei gestellt hat, erst einmal, daß es zu regnen aufhört, damit er besseres Wetter hat. Als dann allerdings überhaupt nichts mehr wächst, glaubt er, beim zweiten Wunsch schlauer zu sein: Es soll nur noch nachts regnen. Und als sich jetzt der Nachtwächter beschwert, beläßt er im letzten Wunsch wieder alles beim alten. Anselm Grün, der dieses alte Märchen erzählt, nimmt es zum Anlaß für ganz direkte Fragen an uns heute: „Was wünschen wir wirklich? Was brauchen wir? Wonach trachten wir, was möchten wir gewinnen?“

Sehnsüchte und Träume sind ein Motor unseres Lebens. Wir drehen uns aber manchmal auch im Kreis ungeklärter Wünsche, und hinter den erreichten Zielen werden immer wieder andere sichtbar: Die Hoffnung auf das endgültige Glück wandert mit, wie der Horizont. Wünsche können uns frei dafür machen, immer wieder aufzubrechen, nicht stehenzubleiben. Und Sehnsucht, heißt es, ist der Anfang aller Wandlung. Aber die Fixierung auf Ziele kann auch lähmen. Allerhand wird uns als wünschenswert vorgesagt. Und schließlich kann man sich auch im Labyrinth der eigenen Wünsche verlaufen.

Am Ende eines Tages, am Ende eines Jahres fragen wir gerne: Haben wir erreicht, was wir wollten? Haben wir es richtig gemacht? Darum geht es tatsächlich, immer wieder: Zu sehen, ob die Richtung noch stimmt. Zu fragen, ob die tägliche Hektik mit der Tiefenbewegung unseres Lebens noch übereinstimmt, ob wir nicht auseinandergezerrt werden zwischen dem, was wir mit unserem Leben anfangen wollen und dem, was andere von uns erwarten.

Wir haben heute das Gefühl, so wenig Zeit zu haben, weil sich die Möglichkeiten, zwischen denen wir uns entscheiden können, auf verwirrende Weise vervielfältigen, weil der Wirbel an Möglichkeiten immer rasanter wird. Mit Zeitmanagement allein werden wir dem nicht Herr. Wir brauchen auch Zeit für die Seele. Um zu wissen, was wir wirklich wollen, wo wir stehen mit unserem Leben, brauchen wir Aus-Zeiten: Zeiten, in denen wir uns ausklinken aus der hektischen Routine, innehalten und prüfen, ob das Dringliche auch wirklich das Wesentliche ist, ob das, was uns treibt und das, wonach wir jagen, wirklich das ist, was wir uns eigentlich wünschen.

„Vergiss das Beste nicht!“, dieses Buch bietet an, solches Innehalten zu einem täglichen Ritual zu machen. Es sind Texte, am Abend zu lesen: um nachzulauschen, ob die Melodie des Tages zusammenklingt mit dem, was uns als Lebensmelodie zugedacht ist. Oder am Morgen: um alles, was auf uns zukommt, in ein Licht zu stellen, in dem wir neu sehen und unterscheiden können.

Anselm Grün hat die Methode des Einspruchs wiederentdeckt, die die alten Mönche kannten. „Einspruch“ heißt: Dem, was auf uns einstürmt und über uns Macht zu gewinnen versucht, etwas anderes, Positives entgegenhalten. Gegen den Sog der Vernutzung unseres Lebens die Erinnerung wachhalten an den letzten, absoluten Wert, den wir haben – wenn wir uns nur im richtigen Licht sehen. Ein neuer Blick kann den Alltag verwandeln, unseren Spielraum erweitern, Wunder erleben lassen.

Das war, letztlich, auch die Botschaft des Märchens von den drei Wünschen: Wer sich nur immer im Naheliegenden verfängt, der verstrickt sich und kommt nicht weiter. Alles aber kann sich ändern, wenn wir uns jeden Tag die Fragen vergegenwärtigen: „Was wünsche ich mir wirklich? Was brauche ich? Wonach trachte ich, was möchte ich gewinnen?“

Die tägliche Lektüre eines kurzen Textes erinnert an Antworten aus dem praktischen Lebenswissen einer langen Tradition. Sich in seinem eigenen Leben davon inspirieren zu lassen und es auszuprobieren, jeden Tag- etwas Besseres kann man kaum für sich tun.

# Januar

## ∞ 1. ∞

Wenn wir Neujahr feiern, dann spüren wir etwas von der Faszination des Neuen, des Unverfälschten, des Unberührten. Das Neue hat seinen eigenen Glanz. Ein neues Kleid zu tragen etwa heißt immer auch, sich neu zu fühlen, sich schöner zu fühlen als in den alten Kleidern. Darin steckt immer auch die Hoffnung, ein neuer Mensch zu sein, sich neu zu gebärden, von den andern nicht mehr mit der alten Rolle identifiziert zu werden. Das neue Erscheinungsbild soll uns auch ermutigen, neue Möglichkeiten auszuprobieren, uns neu gegenüber den andern zu geben, neue Worte zu finden, neue Gesten, neue Reaktionen, neue Wege zu gehen. An Neujahr hoffen wir, daß nicht nur unsere Kleider und unsere Rollen neu werden, sondern ein ganzes Jahr. Gerade an Neujahr hoffen wir auf einen neuen Anfang.

## ∞ 2. ∞

Viele nehmen sich zu Beginn eines Jahres oder zu Beginn einer Woche oder eines Tages etwas vor. Sie sind begeistert von einem Buch, das sie gelesen haben. Daraufhin möchten sie ihr Leben sofort ändern. Oder sie haben in einem Vortrag gehört, wie sie besser mit ihrer Zeit umgehen können, wie sie von ihren Fehlern lernen können. So machen sie sich voller Schwung ans Werk. Aber schon nach kurzer Zeit erlahmt ihr Elan. Es wird zu beschwerlich, und sie geben auf. Auf einmal macht es keinen Spaß mehr, an sich zu arbeiten. Es hat ja doch alles keinen Zweck. Ich weiß ja, daß ich nie weiterkomme. Aber indem sie einen Vorsatz aufgeben, geben sie ein Stück von sich selbst auf. Sie trauen sich selbst nicht mehr. Sie resignieren. Der Altvater Poimen sagte einem jungen Mönch, der von solch resignierenden Gedanken erfüllt war: „Welchen Nutzen hat es, sich einem Handwerk zuzuwenden und es nicht zu erlernen?" Lerne das Handwerk Deiner Menschwerdung und höre auf zu jammern!

## ꕤ 3. ꕤ

Das Wort „beginnen" bedeutet ursprünglich „urbar machen". Beginnen ist mühsam. Da erscheint Dein Leben wie ein Land voller Disteln und Steine, von Gehölz und Unkraut übersät, chaotisch, unfreundlich. Wenn Du es urbar machen willst, mußt Du Dir erst einmal ein Feld abstecken. Du kannst nicht das ganze Land Deines Lebens in einem Jahr urbar machen. Entscheide Dich, welches Stück Deines Landes Du in diesem Jahr urbar machen möchtest.

## ꕤ 4. ꕤ

Der weite Weg ist der Weg, den alle gehen. Du mußt Deinen ganz persönlichen Weg finden. Da genügt es nicht, sich nach den andern zu richten. Du mußt genau hinhören, was Dein Weg ist. Und dann mußt Du Dich mutig entscheiden, diesen Weg zu gehen, auch wenn Du Dich dort sehr einsam fühlst. Nur Dein ganz persönlicher Weg wird Dich wachsen lassen und zum wahren Leben führen.

## ꕤ 5. ꕤ

Was sind die Gedanken, die uns tief in unserem Herzen prägen? Was ist unsere tiefste Sehnsucht? Was möchte ich mit meinem Leben verkünden? ... Jeder hat eine prophetische Sendung, die nur er zu erfüllen hat. Wenn wir uns fragen, was wir dieser Welt für Spuren einprägen möchten, dann kommen wir in Berührung mit unserem einmaligen und unverfälschten Bild, das Gott sich von uns gemacht hat.

## 6.

Als das göttliche Kind geboren war, machten sich Sterndeuter aus dem Osten auf den Weg, um das Kind anzubeten. Auch sie hören auf Träume. Aber sie verbinden ihre Träume mit der Wissenschaft von den Sternen und mit ihrem geschichtlichen Wissen. So erreichen sie ihr Ziel. Der Stern weist ihnen den Weg, sie forschen in Jerusalem nach dem Kind. Und als sie es gefunden haben, fallen sie nieder und beten es an. Im Traum erfahren sie von Gott, daß sie auf einem andern Weg heimziehen sollen. Und sie gehorchen, genau wie Joseph, dem nun wieder ein Engel im Traum erscheint, um ihn zur Flucht nach Ägypten aufzufordern. Und auf einen Traum hin kehrt Joseph wieder nach Israel zurück. So ist die Geburt Jesu von lauter Träumen umgeben. Im Traum erkennt Joseph das Geheimnis Marias und das Geheimnis des göttlichen Kindes. Und der Traum weist ihm den Weg, den er gehorsam zu gehen hat. Die Träume sind also verpflichtend. Sie wollen sich in die Realität des Lebens hinein auswirken.

## 7.

Die drei Könige brechen zusammen auf. Sie gehören zusammen. Sie lassen sich ihren Weg nicht von ihren Beamten erforschen, sondern sie hören auf die Stimme ihres Herzens. Dort, in ihrem Herzen, haben sie einen Stern gesehen, den Stern ihrer Sehnsucht. Sie machen sich auf den Weg der Sehnsucht. Es ist eine lange Pilgerreise. Unterwegs werden sie müde. Aber sie gehen weiter, weil sie der Sehnsucht ihres Herzens trauen. Und sie kommen ans Ziel. Der Stern weist ihnen den Weg. Aber es braucht auch das Gespräch mit Herodes und seinen Schriftgelehrten, um das Ziel genau zu erkunden. Wir müssen auf das eigene Herz hören, aber uns immer wieder auch beraten lassen, um im Gespräch die Stimme des eigenen Herzens besser herauszuhören.

## 8.

Höre auf deine Träume: Die Träume kann man nicht erzwingen, sie sind ein Geschenk von Gott. Wenn Gott auch in den Träumen verstummt, dann werden wir orientierungslos. Unsere tiefsten Überzeugungen, die uns tragen, entstammen nicht rationaler Überlegung, sie haben tiefere Wurzeln. Und eine der Wurzeln ist auch der Traum, der uns eine innere Gewißheit gibt, was für uns stimmt. Das Hören auf die Träume ist nicht etwas Abergläubisches, sondern eine Weise der Gottesfurcht. Weil wir mit Gott in unseren Träumen rechnen, achten wir auf sie. Und wir sind froh, wenn er uns in den Träumen immer wieder sagt, welche Schritte nun für uns fällig sind. Die Traumbilder geben uns die Richtung an, in die wir dann selber gehen sollen.

## 9.

Der Stern, der am Firmament Deines Herzens steht, ist ein Bild für die Sehnsucht, die Dich treibt. Trau Deiner Sehnsucht, folge ihr bis an den äußersten Rand.

## 10.

Jeder Aufbruch macht zuerst einmal Angst. Denn Altes, Vertrautes muß abgebrochen werden. Und während ich abbreche, weiß ich noch nicht, was auf mich zukommt. Das Unbekannte erzeugt in mir ein Gefühl von Angst. Zugleich steckt im Aufbruch eine Verheißung, die Verheißung von etwas Neuem, nie Dagewesenem, nie Gesehenem. Wer nicht immer wieder aufbricht, dessen Leben erstarrt. Was sich nicht wandelt, wird alt und stickig. Neue Lebensmöglichkeiten wollen in uns aufbrechen.

## 11.

Wir müssen in unserem Leben immer wieder von neuem geboren werden, damit unser Leben lebendig bleibt. Eine Krise, die alles zerbricht, was wir bisher aufgebaut haben, kann eine Chance zu einer Neugeburt sein. Das Feuer, in das wir geraten, kann ein Bild für das Neue sein, das in uns geboren werden will.

## 12.

Abschied gilt es aber nicht nur von Menschen zu nehmen. Wir müssen uns auch verabschieden von Gewohnheiten, von Lebensabschnitten, von Lebensmustern. Wer nie von seiner Kindheit Abschied genommen hat, der wird immer infantile Wünsche an seine Umgebung haben. Wer sich nie von seiner Pubertät verabschiedet hat, der wird immer in seinen Illusionen gefangen sein, die er sich vom Leben ausgedacht hat. Wir müssen Abschied nehmen von unserer Jugend, wenn wir erwachsen werden wollen, von unserem Junggesellendasein, wenn wir heiraten wollen, von unserem Beruf, wenn wir älter werden.

## 13.

Wir müssen ständig unsere Vergangenheit loslassen, um offen zu sein für die Zukunft. Wer ewig an seiner Kindheit hängt, wird nie erwachsen. Er kommt nicht vom Rockzipfel seiner Mutter los, wie man im Volksmund sagt. Vergangenheit loslassen heißt, innere Haltungen loslassen. Ich kann mich nicht ewig an Menschen klammern, weder an die Eltern noch an Schulkameraden oder Freunde. Ich kann mich nicht an Orte klammern, an die Heimat, an die Orte, die mir vertraut geworden sind. Immer wieder muß ich Gewohnheiten und Vertrautes loslassen, um gegenwärtig sein zu können, um für Neues offen zu sein.

## 14.

Je mehr ich gegen meine Zerrissenheit ankämpfe, desto weniger erreiche ich. Im Gegenteil, wenn ich gegen den inneren Zwiespalt frontal vorgehe, dann wecke ich eine so starke Gegenkraft, daß ich ihr nicht gewachsen bin.

Ich kenne das aus eigener Erfahrung. Ich habe oft den Gedanken gehabt, irgendwann werde ich doch alle meine Fehler überwunden haben. Immer wieder habe ich mich geärgert, daß ich in die alten Fehler gefallen bin. Nach jedem Rückfall habe ich mir vorgenommen, noch konsequenter zu sein, noch besser im voraus zu überlegen, wann ich in Gefahr geraten könnte, den Fehler zu wiederholen. Das hat zwar manches in mir bewirkt und zum Besseren gewendet. Aber trotzdem bin ich immer wieder in die Falle geraten. Und dann ging der Ärger über mich erneut los. Ich habe mich selbst beschuldigt, mich selbst abgelehnt und damit den Zwiespalt nur noch vergrößert. Erst als ich mich dann in meiner Ohnmacht, den Zwiespalt aus eigener Kraft zu überwinden, Gott hingehalten habe, habe ich auf einmal einen tiefen inneren Frieden gespürt.

## 15.

Wir können uns selbst nicht erkennen, wenn wir uns nicht lieben. Und nur die Liebe läßt uns tiefer in uns eindringen und erkennen, wer wir in Wahrheit sind. Sich selbst zu lieben ist etwas anderes, als um sich selbst zu kreisen.

## 16.

Viele meinen heute, das Wichtigste wäre, nicht aufzufallen, keinen Fehler zu machen. Dann ist die berufliche Karriere nicht gefährdet. Dann wird man in der Gruppe nicht kritisiert. Dann muß man auf seinem Posten nicht zurücktreten. Dann wird das Leben gelingen. Aber diese risikofeindliche Haltung verhindert in Wirklichkeit das Leben. Wer absolut keinen Fehler machen will, der macht alles falsch. Denn er wagt nichts, er geht kein Risiko ein. Und so kann auch nichts Neues entstehen.

## 17.

Es ist eine Ursehnsucht im Menschen, sich einmal gemütlich niederzulassen und sich für immer einzurichten, einmal geborgen und daheim zu sein. Wo es dem Menschen gefällt, dort möchte er seine Zelte aufschlagen und immer dort bleiben. Aber zugleich weiß er auch, daß er sich hier in dieser Welt nicht für immer einrichten kann. Er muß sich ständig von neuem auf den Weg machen. Er muß immer wieder aufbrechen. Er muß die Lager, die er aufgebaut und in denen er sich wohnlich eingerichtet hat, abbrechen, um auf seinem Weg weiterzukommen. Aufbruch setzt einen Abbruch voraus. Altes muß abgebrochen werden. Es kann nicht immer so weiter gehen. Ich kann nicht immer dort bleiben, wo ich gerade bin.

## 18.

Der Mensch muß vieles lassen, damit es gut mit ihm werden kann. Er muß Böses lassen, Eigenwilliges, Eigenmächtiges. Aber auch Gutes, soweit es den Fortschritt hemmt. Denn das Gute kann der Feind des Besseren sein und den Menschen hindern, auf seinem Weg zu Gott voranzuschreiten.

## 19.

Ein Sprichwort lautet: „Der Weg zur Hölle ist mit guten Vorsätzen gepflastert." Wenn Du Dir immer wieder etwas vornimmst, es aber nicht durchführst, dann bereitest Du Dir selbst die Hölle, jetzt schon. Dann wird Dein Leben jetzt schon ein Feuer von Selbstvorwürfen und Selbstbeschuldigungen, das Dich auffrißt. Ohne Ausdauer hat Dein Leben keinen Bestand. Dauer kommt von *durare:* wählen, bleiben, Bestand haben, sich ausstrecken. Wenn Du Dich ohne Ausdauer an die Arbeit machst, dann bekommst Du nie einen festen Stand. Du fliegst überall herum, nippst an allem. Aber es kann nichts wachsen. Bestand hat etwas nur, wenn es sich einwurzeln kann.

## 20.

Zunächst mußt Du Dir realistische Ziele stecken und nicht irgendwelchen Illusionen nachjagen. Du mußt sehen, was Du wirklich ändern kannst und was einfach Dein Charakter ist, mit dem Du Dich aussöhnen mußt. Aber wenn Du Dir etwas vornimmst, was Du bei Dir ändern willst, dann mußt Du auch dran bleiben. Wenn es nicht gelingt, dann mußt Du Dich fragen, ob Du falsch angesetzt hast oder Dir zuviel vorgenommen hast. Dann setzt Du Dir zunächst einmal bescheidenere Ziele. Aber Du bleibst dran. Und Du wirst sehen, daß die Ausdauer belohnt wird.

## 21.

Vorsätze, die wir uns machen, dienen uns oft als Ausrede, nichts an unserem Leben ändern zu müssen. Wir nehmen uns zwar vor, an uns zu arbeiten, einen Schritt nach vorne zu tun. Doch in Wirklichkeit bleiben wir stehen. Die Vorsätze beruhigen unser Gewissen, aber sie bewirken nichts. Ein Mitbruder meinte, Vorsätze seien das sicherste Mittel, uns daran zu hindern, etwas in unserem Leben in Bewegung zu bringen. Denn der Vor-satz läuft mir immer voraus, er richtet sich auf die Zukunft und bewältigt nicht die Gegenwart. Ich flüchte mich vor der Herausforderung des gegenwärtigen Augenblickes in die Unverbindlichkeit der Zukunft. Statt uns viele Vorsätze zu machen, sollten wir uns ganz einfache Dinge einüben.

## ꟈ 22. ꟈ

Jeder ist für das Klima, das er um sich herum erzeugt, verantwortlich. Das fängt schon bei den Gedanken an. Wir müssen unser Denken überprüfen, wo wir unbewußt irgendwelchen Vorurteilen folgen. Unser Denken wird sich in unserem Sprechen und Handeln auswirken. Daher beginnt die Versöhnung in unserem Denken.

## 23.

Lerne die Kunst, zu *sein,* intensiv zu leben. Probiere es einfach einmal, bewußt langsamer zu gehen, wenn Du in der Arbeit von einer Bürotüre zur andern willst. Versuche, beim Spazierengehen bewußt jeden Schritt zu spüren, wahrzunehmen, wie Du die Erde berührst und sie wieder läßt. Versuche, langsam und bewußt Deine Tasse in die Hand zu nehmen. Zieh Dich am Abend langsam aus. Du wirst sehen, wie dann alles zum Symbol wird, wie das Ablegen der Kleider zum Ablegen des Tages mit seiner Mühe werden kann.

## 24.

Achtsamkeit hat zu tun mit Erwachen. Wer achtsam auf seinen Atem achtet, wer achtsam seine Schritte lenkt, wer achtsam den Löffel in die Hand nimmt, wer ganz bei dem ist, was er gerade tut, der wacht auf. Die Achtsamkeit möchte uns in Kontakt bringen mit den Dingen, mit den Menschen. Ein Zen-Mönch wurde einmal gefragt, was er denn für eine Meditationspraxis habe. Er antwortete: „Wenn ich esse, dann esse ich. Wenn ich sitze, dann sitze ich. Wenn ich stehe, dann stehe ich. Wenn ich gehe, dann gehe ich." Da meinte der Frager: „Das ist doch nichts Besonderes. Das tun wir doch alle." Da sagte der Mönch: „Nein, wenn Du sitzt, dann stehst Du schon. Und wenn Du stehst, dann bist Du schon auf dem Weg."

## 25.

Das ist die Erkenntnis der geistlichen Tradition: Jeder Mensch braucht im Haus seiner Seele besondere Räume des Schutzes und des schöpferischen Versunkenseins. Dort wohnen die Engel bei ihm und führen ihn ein in die Leichtigkeit des Seins, in die Zärtlichkeit und Liebe und in die Lust am Leben. Die Engel beflügeln seine Seele. Sie verleihen seinem Geist Flügel der Phantasie, damit er sich abheben kann von der Banalität des Vordergründigen und sich der Himmel öffnet über der Leere seiner Wüste. Die Engel vermitteln uns die Erfahrung, daß wir in besonderer Weise geschützt und geborgen sind. Wir sind nie allein gelassen.

## 26.

Achtsamkeit in allem Tun, das gibt meinem Leben einen zarten Hauch. Da bin ich ganz gegenwärtig, ganz eins mit mir und den Dingen. Aber diese Achtsamkeit ist uns nicht einfach geschenkt. Sie muß täglich geübt werden.

## 27.

Achte auf deinen Engel. Engel sind Boten Gottes. Sie verkünden den Menschen Gottes Wort. Sie zeigen ihnen Gottes helfende und heilende Nähe an. Sie greifen ein in ihr Leben, schützen sie vor Gefahren, behüten sie auf ihren Wegen, und sie sprechen im Traum zu ihnen. Engel sind Botschafter einer anderen, tieferen Wirklichkeit. Sie sind Bilder unserer Sehnsucht nach Geborgenheit und Heimat, nach Leichtigkeit und Freude, nach Lebendigkeit und Liebe. Sie verbinden Himmel und Erde miteinander. Sie öffnen für uns den Himmel, und sie geben unserem Leben einen himmlischen Glanz.

## Ʂ 28. Ᶎ

Die Engel möchten in uns etwas hervorrufen, was wir im Getriebe des Alltags vergessen oder vernachlässigen. Es ist ein schönes Bild, sich vorzustellen, daß mich in diesem Jahr der Engel der Treue begleitet oder der Engel der Zärtlichkeit, daß Gott einen Engel zu mir schickt, der mich einweist in das Geheimnis der Treue oder der Zärtlichkeit.

Engel sind Begleiter für unseren Lebensweg, Boten der Hoffnung, daß wir nicht ziellos leben, daß wir ankommen können beim Ziel unseres Lebens.

## 29.

Engel kommen daher in verschiedenen Gewändern. Sie beherrschen die Kunst der Verwandlung. Sie verwandeln sich in einen Menschen, der uns auf unserem Weg begleitet. Sie verwandeln sich in einen Arzt, der unsere Wunden heilt, in einen Therapeuten, der uns herausholt aus der Verstrickung unserer neurotischen Muster, in einen Priester, der uns befreit von unseren Schuldvorwürfen. „Engel kommen unverhofft", singt ein modernes Lied. Manchmal ist es Dein Freund oder Deine Freundin, die Dir ein Wort sagen, das Dir alles in ein neues Licht taucht. Manchmal ist es ein Kind, das Dich anschaut und Dir zeigt, wie unwichtig die Probleme sind, mit denen Du Dich herumschlägst.

Engel sind Künstler der Verwandlung. Der Engel der Verwandlung aber möchte Dich einführen in das Geheimnis Deiner Verwandlung.

## ꕤ 30. ꕤ

Alles, was in Dir ist, hat seinen Sinn. Aber es bedarf auch der Verwandlung. Deine Angst ist gut. Sie zeigt Dir oft, daß Du eine falsche Grundannahme für Dein Leben hast. Vielleicht meinst Du, Du müßtest alles perfekt machen, Du dürftest keine Fehler machen. Dann zeigt Dir Deine Angst, daß Du Dir mit so einer Lebenseinstellung selbst schadest. Und sie lädt Dich ein, einen menschlicheren Weg zu gehen, auf dem Du leben kannst. Auch Deine Wut ist gut. Wenn Du sie zuläßt und anschaust, wenn Du ihr auf den Grund gehst, dann kann sich Deine Wut in neue Lebendigkeit verwandeln. Dann zeigt Dir Deine Wut vielleicht, daß Du Dich bisher nur nach den andern gerichtet hast. Jetzt möchtest Du endlich selbst leben. So kann sich Deine Wut in neue Lebensenergie wandeln.

Die Märchen wissen vom Geheimnis der Verwandlung. Da werden Menschen in Tiere und Tiere in Menschen verwandelt. Da kann sich alles verwandeln. Das zeigt Dir, daß Du vor nichts in Dir erschrecken mußt. Auch in Dir kann alles verwandelt werden.

## ꕤ 31. ꕤ

Der Engel des Risikos möge Dir Dein Rückgrat stärken und Dir den Rücken freihalten, damit Du frei bist, Dich selbst zu wagen und Deinen inneren Impulsen zu trauen, ohne Dich nach allen Seiten absichern zu müssen. Die Welt wird Dir dankbar sein, wenn Du etwas Neues wagst, wenn Du nicht erst die ganze Welt um Erlaubnis fragst, Deine Ideen in die Tat umzusetzen.

# Februar

## ꟸ 1. ꟹ

Es ist nicht selbstverständlich, daß unser Leben gelingt. Manchmal haben wir ein Brett vor dem Kopf und merken gar nicht, wie wir an unserer Wahrheit vorbeileben.

Es genügt nicht, nur die Gebote zu erfüllen, wir müssen darauf achten, unser eigenes Leben zu leben. „Geht durch das enge Tor! Denn das Tor ist weit, das ins Verderben führt, und der Weg dahin ist breit, und viele gehen auf ihm. Aber das Tor, das zum Leben führt, ist eng, und der Weg dahin ist schmal und nur wenige finden ihn." (Mt 7,13f) ...

Menschwerdung bedeutet die Mühe, mein eigenes Leben zu leben. Das verlangt genaues Hinschauen auf mein Gewordensein, auf meine Lebensgeschichte, auf meine Veranlagung, das verlangt ein feines Hinhorchen auf die inneren Impulse, in denen Gott mir zeigt, was er von mir erwartet, wie mein Leben zur Blüte kommen kann.

## 2.

Erst wenn wir die Wirklichkeit so erkennen, wie sie in Wahrheit ist, können wir richtig damit umgehen, können wir als freie Menschen in dieser Welt leben. Dann hat die Welt keine Macht über uns. Wir machen uns ja Illusionen über die Welt, weil wir im Grund unseres Herzens Angst haben vor ihr, Angst vor ihren Abgründen, vor ihrer Dunkelheit, Angst vor dem Schicksal, Angst vor dem Chaos, Angst vor der Bedrohung, die uns überall in dieser Welt auflauert. Ich kenne viele Menschen, die ständig auf der Flucht sind vor der eigenen Wahrheit. Sie haben Angst vor der Stille.

## ꙳ 3. ꙳

Wir alle brauchen Mut, um unser eigenes Leben zu leben, das Leben, das uns von Anbeginn zugedacht ist. Allzuleicht passen wir uns den andern an, übernehmen ihre Vorstellungen, um nicht gegen den Strom zu schwimmen. Heute herrscht zwar einerseits ein starker Liberalismus, der alles erlaubt. Aber zugleich kann man eine große Uniformität beobachten. Die Medien vermitteln eine Norm, wie man heute zu sein hat, wie man denken soll, wie man sich heute kleidet, was man heute tut. Da bedarf es eines großen Mutes, anders zu sein, so zu sein, wie es für mich stimmig und richtig ist.

## ꙳ 4. ꙳

Wir müssen uns vor zwei Tendenzen hüten: vor dem Beschuldigen und vor dem Entschuldigen. Wenn wir uns selbst beschuldigen, zerfleischen wir uns mit Schuldgefühlen und bestrafen uns damit selbst. Wir dramatisieren unsere Schuld. Dadurch fehlt uns die Distanz zur eigenen Schuld. Wir gehen nicht wirklich mit der Schuld um, sondern lassen uns von ihr beherrschen und nach unten ziehen. Diese Selbstentwertung ist häufig unrealistisch, sie entspricht nicht der Wirklichkeit. Sie verhindert daher eine ehrliche Selbstkritik und Selbstverantwortung. Man verurteilt sich in Bausch und Bogen und meidet ein echtes Hinschauen auf die tatsächlichen Sachverhalte. Oft ist diese Selbstbeschuldigung nur die Kehrseite des Stolzes. Im Grunde möchte man besser sein als die andern und sich über sie erheben. Aber dann kommt die Stimme des eigenen Über-Ichs, die das verbietet. Und so bestraft man seine Versuchung zur Selbsterhöhung.

## 5.

Wer hinabsteigt in seine eigene Wirklichkeit, der entgeht der Gefahr der Spaltung, die bei so vielen Frommen zu beobachten ist. Wer seine gottlosen und unmoralischen Seiten verdrängt und abspaltet, der wird sie auf andere projizieren und so in der Gemeinschaft Spaltung erzeugen. Oder er wird auf autoritäre Weise Einheit schaffen. Aber diese Einheit wird erkauft mit dem Preis eines ausgeprägten Schattens. Es werden dann unter der Oberfläche der Einheit Unduldsamkeit, Aggressivität, Härte, Selbstgerechtigkeit und Mißtrauen wachsen.

## 6.

Beide Aspekte gehören zur menschlichen Selbsterkenntnis: der Mensch ist Gottes Bild. Er soll seine Würde erkennen, seine Schönheit, das Gute, das Gott in ihn hineingelegt hat, seine Fähigkeit, zur Wohnung Gottes zu werden. Und zugleich soll er alles in sich bloß legen, was dieses Bild verdeckt und entstellt, er soll all die Dunkelheit, das Böse, das Verkehrte und Verbildete, das Dämonische in sich aufdecken. Dann wird Gott ihn heilen, das ursprüngliche Bild wieder herzustellen, ihn zu dem werden zu lassen, als der er gemeint war. Und das ist nichts anderes als Selbstverwirklichung des Menschen. Der Mensch verwirklicht sich als Bild Gottes, oder besser gesagt: Gott verwirklicht im Menschen sein Bild.

## 7.

Oft agiert der Leib aus, was die Seele eigentlich möchte, sich aber nicht eingesteht und so verdrängt. Daher ist es gut, auf seinen Leib zu hören, um sich selbst besser kennen zu lernen. Es gibt vier Quellen für die menschliche Selbsterkenntnis: einmal unsere Gedanken und Gefühle, unsere Träume als bildhafte Darstellung unseres Zustandes, unsern Leib als Ausdruck der Seele und die Handlungsebene, also unser Verhalten, unsere Gewohnheiten, die Bewältigung unseres Alltags, unsere Arbeit und unsere Lebensgeschichte. Nur wenn wir alle vier Bereiche anschauen, können wir erkennen, wie es wirklich um uns steht.

## 8.

Der wahrhaftige Mensch ist immer auch frei. Denn allein die Wahrheit wird uns frei machen. Es gibt heute so viele Menschen, die ihrer eigenen Wahrheit aus dem Weg gehen. Sie haben Angst, sich der Wirklichkeit ihres Herzens zu stellen. Sie geraten in Panik, wenn sie einmal still sein sollen. Denn da könnte ja in ihnen etwas auftauchen, was ihnen unangenehm ist. So müssen sie sich ständig beschäftigen, nur um der eigenen Wahrheit aus dem Weg zu gehen. Sie sind ständig getrieben und gehetzt. Das Schlimmste, das ihnen passieren kann, ist ein Augenblick, in dem nichts los ist, in dem die eigene Wahrheit ans Licht kommen könnte. Wer der eigenen Wahrheit ausweicht, der braucht viel Energie, um seine Wahrheit vor andern zu verbergen.

## ☙ 9. ❧

Wenn Du den Mut findest, allein zu sein, kannst Du auch entdecken, wie schön es sein kann, einmal ganz für sich zu sein, nichts vorweisen, nichts beweisen, sich nicht rechtfertigen zu müssen. Da kannst Du vielleicht die Erfahrung machen, daß Du ganz und gar mit Dir eins bist.

## ☙ 10. ❧

Einssein mit mir selbst bedeutet auch Einverstandensein mit meinem Leben. Ausgesöhntsein mit meiner Vergangenheit und den Wunden, die sie mir geschlagen hat, Einverstandensein mit dem, was mir Gott gerade zumutet in meiner Arbeit, in der Gemeinschaft, in der ich stehe, mit mir selbst. In dieser Erfahrung der Einheit und des Einverstandenseins gelingt auf einmal, wonach ich mich schon immer gesehnt habe: endlich mich selbst annehmen zu können, restlos ja zu sagen zu mir und meinem Leben.

## 11.

Die Umkehr beginnt im Denken. Unser Denken führt uns oft in die Irre. Wir denken nicht so, wie es der Wirklichkeit entspricht, sondern wir machen uns Illusionen über die Wirklichkeit. Wir hängen irgendwelchen Gedanken nach, die in uns aufkommen oder die andere uns aufdrängen. Wir denken, was alle denken. Unser Denken ist unbewußt, von andern gesteuert. Wir sollen lernen, selber zu denken, so zu denken, wie es der Wirklichkeit entspricht. Wenn wir das tun, freut sich unser Engel.

## 12.

Wer seine eigene Wahrheit erkennt, der hört auf, seine Fehler bei den andern zu suchen. Er wird wahrhaft Bruder und Schwester für jeden Menschen. Denn in jedem erkennt er sich selbst.

## 13.

In Psalm 4 heißt es: „Bedenkt es auf eurem Lager, und werdet stille!“ (Ps 4, 5). In der Nacht sollen wir uns besinnen über das, was Gott uns sagen will. Wenn wir wach werden, dann sollen wir uns nicht ängstlich hin- und herwälzen und meinen, wir wären am nächsten Morgen nicht ausgeschlafen, wenn wir zulange wach bleiben. Wir sollen dann die Zeit nützen und mit Samuel sprechen: Rede Herr, dein Diener hört. Und wenn wir schlafen und träumen, so sollen wir damit rechnen, daß Gott uns Träume schickt und daß Gott zu uns im Traum spricht. Unser geistliches Leben wird sicher reicher, wenn wir auch den wichtigen Bereich der Nacht und des Traumes mit in unseren geistlichen Weg integrieren. Denn wir würden ja sonst viele Stunden unseres Lebens ausklammern.

## 14.

Da unsere bewußte Sicht oft von unserem Wunschdenken beeinflußt ist, ist es wichtig, auf die Sicht des Unbewußten zu hören. Sie ergänzt unsere Sicht. Gott befreit mich in der Traumsicht von meiner Blindheit, um mich auf die Wahrheit zu stoßen.

## 15.

Wir haben immer etwas zu tun. Sobald so ein zarter Impuls in unserem Inneren auftaucht, schieben wir ihn schon weg und wenden uns dem Greifbaren zu. So werden wir nie Gottes Stimme vernehmen.

## 16.

Es darf alles sein, was in mir ist. Indem ich es sein lasse, kann ich zurücktreten, kann ich es dort lassen, wo es ist, in meinem Kopf. Aber mein Selbst ist dann nicht davon berührt. Ich schaue es an, lasse es zu, aber dann relativiere ich es, indem ich mir sage: Jetzt kümmere ich mich nicht mehr darum. Der Gedanke darf immer wieder auftauchen. Ich nehme ihn wahr und lasse ihn sein. Dann beunruhigt er mich nicht mehr. Das ist die Ruhe, die uns vergönnt ist. Die absolute Ruhe, die viele auf Anhieb durch eine Meditationsmethode erreichen wollen, ist eine Stufe zu hoch für uns. Sie ist uns erst im Tod verheißen. Während wir leben, sind wir immer angefochten von vielen Gedanken und Emotionen. Indem wir sie dahinziehen lassen, bleiben wir trotzdem ruhig. Unterhalb des Bewußtseins, in unserem Herzen, im eigentlichen Selbst, da hat die Unruhe keinen Zutritt. Sie ist nur im Kopf und in unseren Emotionen.

## ꙮ 17. ꙮ

Ich weiß, daß da tief in mir ein Raum ist, wo das alles nicht hindringen kann, in dem ich einfach bin. Es ist der Raum, in dem Gott selbst in mir wohnt. Gott befreit mich von der inneren und äußeren Unruhe. Er befreit mich von den Meinungen, die andere über mich haben, von ihren Erwartungen und Urteilen, von ihrer Eifersucht, von ihren Verletzungen. Allein die paar Augenblicke, in denen ich diesen inneren Raum in mir spüre, genügen, um mir auch für den Rest des Tages das Gefühl zu vermitteln, daß da trotz aller äußeren Hektik etwas Unberührbares in mir ist, ein Raum der Ruhe, der von den äußeren Anforderungen und Konflikten nicht angetastet wird.

## ꙮ 18. ꙮ

Wir erleben uns häufig als Menschen, die ständig über andere urteilen. Auch wenn wir nicht laut sprechen, so redet unser Herz unaufhörlich über andere. Dieses Urteilen hält uns davon ab, bei uns zu bleiben. Wir sind immer bei den andern. Wir sind immer darauf aus, bei ihnen Fehler zu entdecken, um unserer eigenen Wahrheit auszuweichen. Aber so kommen wir nie zu uns und nie zur inneren Ruhe.

## ☙ 19. ❧

Wir fühlen uns abhängig von der Anerkennung des andern. Wir spüren, daß uns unsere eigene Lebensgeschichte bestimmt und uns nicht frei entscheiden läßt. Emotionen, Leidenschaften, Bedürfnisse und viele Wünsche beeinflussen uns und beeinträchtigen unsere Freiheit. Die Frage ist, wie wir zur inneren Freiheit gelangen können. Die spirituelle Tradition hat seit jeher Wege aufgezeigt, die uns zur Freiheit von der Macht der äußeren Faktoren führen möchten. Der geistliche Mensch ist immer auch der freie Mensch, der Mensch, der nicht von außen bestimmt wird, sondern der von innen heraus lebt, frei von der Meinung und Erwartung der andern, frei vom Zwang seiner eigenen Bedürfnisse und Wünsche. Die innere Freiheit gehört wesentlich zu unserer Würde als Mensch. Erst der freie Mensch ist ganz Mensch.

## ☙ 20. ❧

Auch eine Krankheit kann uns helfen, dem eigenen Schatten zu begegnen. Denn oft lebt unsere Krankheit unseren Schatten. Sie zeigt uns, was wir von unserem Leben ausgeschlossen haben. In ihr meldet sich das Ausgeschlossene, das in den Schatten Abgeschobene wieder zu Wort und zeigt uns, daß wir es in unser bewußtes Leben integrieren sollen. Insofern ist die Krankheit ein Selbstheilungsversuch. Sie bewahrt uns vor einem seelischen Zusammenbruch, der auf jeden Fall eintreten würde, wenn wir unsern Schatten weiterhin konsequent ausschließen würden. Wir sollten daher die Krankheit positiv sehen.

## ꕥ 21. ꕥ

Vielleicht kommt in mir Traurigkeit hoch über all das, was ich nicht gelebt habe. Dann muß ich mich erst der Traurigkeit stellen, um durch sie hindurch zur Ruhe zu finden. Das kann sehr schmerzlich sein. Aber nur wenn ich durch den Schmerz hindurchgehe, werde ich zu wahrer Ruhe finden. Wenn ich meine Traurigkeit übergehe, wird sie mich immer wieder einholen oder sich in einer diffusen Unzufriedenheit und Unruhe ausdrücken.

## 22.

Es ist immer meine Entscheidung, mit welchen Sätzen ich den Herausforderungen des Lebens begegne, ob ich mir vorsage: „Ich mache alles falsch“ oder „Es ist noch kein Meister vom Himmel gefallen“. In der Traurigkeit entscheide ich mich für eine passive Reaktion, für ein unfruchtbares Mich-selbst-Bemitleiden. In meinen Einreden übertreibe ich die Herausforderung und meine Schwäche, um mich dem Kampf nicht stellen zu müssen. Und bei all diesen Sätzen, die ich mir vorsage, sehe ich nicht mehr, wie unehrlich ich im Grund mir selbst gegenüber bin. Ich übersehe meine eigene Kraft und fixiere mich auf meine Schwächen. Ich will nicht erwachsen werden und lasse mich lieber bemuttern.

## 23.

Viele kommen mit sich nicht weiter, weil sie so tierisch ernst mit sich umgehen. Sie können es sich nicht verzeihen, wenn sie noch Fehler haben, die man in ihrem Alter eigentlich nicht mehr haben sollte. Also gehen sie konsequent daran, diese Fehler auszurotten. Aber je mehr sie gegen die Fehler kämpfen, desto stärker melden sie sich zu Wort. Und schon bald verlieren solche ernsten Kämpfer dann die Geduld mit sich. Entweder werden sie noch strenger gegen sich vorgehen, oder aber sie geben den Kampf auf. Der Engel der Leichtigkeit möchte uns einen andern Umgang lehren. Wir geben uns nicht einfach mit unsern Fehlern zufrieden. Aber wir kämpfen mit Humor. Wir nehmen es nicht so tragisch, wenn wir wieder einmal versagt haben.

## 24.

Sich mit sich selbst versöhnen heißt: Frieden stiften mit mir selbst, einverstanden sein mit mir, so, wie ich geworden bin. Den Streit schlichten zwischen den verschiedenen Bedürfnissen und Wünschen, die mich hin und her zerren. Die Spaltung aufheben, die sich in mir auftut zwischen meinem Idealbild und meiner Realität. Die aufgebrachte Seele beruhigen, die sich immer wieder auflehnt gegen meine Wirklichkeit. Und es heißt, das küssen, was mir so schwerfällt, meine Fehler und Schwächen küssen, zärtlich umgehen mit mir selbst, gerade mit dem, was meinem Idealbild widerspricht.

## 25.

Singen vertreibt alle Traurigkeit. Es läßt die Gefühle von Freude und Friede in unserem Herzen aufsteigen und heilt uns so von unserer inneren Unzufriedenheit. Die Mönche singen täglich mehrmals die Psalmen und haben so eine gute Möglichkeit, ihre Seele zu reinigen und zu erhellen. Wo singt heute ein durchschnittlicher Mann überhaupt und wo hat er einen Ort, an dem er seine Gefühle kultivieren und in heilender Weise ausdrücken kann?

## 26.

Einem heiteren Menschen kann man keine Angst einjagen. Er ruht in sich. Und so kann ihn nichts umwerfen. Wenn Du mit einem so heiteren Menschen sprichst, dann kann sich auch Dein Inneres aufheitern, dann siehst Du auf einmal Dein eigenes Leben und Deine Umgebung mit anderen Augen. Es tut Dir gut, in der Nähe eines heiteren Menschen zu sein. Du weißt, wie niederdrückend Menschen sein können, die alles durch ihre dunkle Brille sehen, die fixiert sind auf das Negative, das sie überall entdecken. Der heitere Mensch hellt Dich auf. Du fühlst Dich auf einmal leicht. So wünsche ich Dir die Begegnung mit vielen Engeln der Heiterkeit.

## ꟽ 27. ꟽ

Es braucht Abstand von uns selbst, wenn wir uns erlauben, einfach einmal das zu leben, was in uns ist. Zu oft überlegen wir, was die andern dann denken würden, welchen Eindruck wir auf die andern machten, wenn wir uns so und so gäben. Ausgelassenheit ist die Freiheit von allem Nachsinnen über die Erwartungen der andern. Wir lassen die Erwartungen der andern beiseite und vertrauen dem Leben, das in uns ist. Wir lassen die Rolle aus, die wir sonst spielen. Wir lassen die Maske los, die uns oft genug unsere innere Lebendigkeit verstellt.

Ausgelassenheit meint sprühende Lebendigkeit. Auch die können wir nicht einfach machen. Manchmal strömt alles in uns. Da sprudeln die Worte nur so aus uns heraus. Da können wir eine ganze Gesellschaft anstecken. Da haben wir ganz verrückte Einfälle. Von solcher Ausgelassenheit springt der Funke meistens auf die andern über. Und es geht Freiheit davon aus. Die andern fühlen sich auf einmal auch frei, dem Kind in sich zu trauen, das spielen möchte, ohne nach dem Zweck und Nutzen zu fragen.

## 28.

Das trefflichste Symbol für die Einheit der Gegensätze im Menschen ist das Kreuz. Es drückt die Ganzheit des Menschen aus, die aber gerade dadurch entsteht, daß der Mensch die Spannung der Gegensätze aushält und in seiner Mitte, im Kreuzungspunkt, vereinigt. Wenn ich in der Kreuzgebärde die Arme weit ausspanne, dann erlebe ich diese Spannung der Gegensätze. Die Gegensätze können mich auseinanderreißen, sie können mich aber auch weit machen. Ich spüre auf einmal eine Weite und Freiheit. Ich fühle mich eins mit dem ganzen Kosmos. Nichts Menschliches, nichts Irdisches, nichts Kosmisches ist mir fremd. Alles hat in mir Platz.

## 29.

Wenn wir mit uns barmherzig umgehen, dann können wir auch die Barmherzigkeit andern gegenüber lernen. Ich kenne viele Menschen, die sich barmherzig für kranke und einsame Menschen einsetzen, die aber ganz und gar unbarmherzig mit sich selbst umgehen. Für jeden andern Menschen haben sie ein Herz, nur für sich selbst ist kein Platz in ihrem Herzen. Da zwingen sie sich, alle eigenen Bedürfnisse zu unterdrücken, nur um für die andern dazusein. Doch solche Unbarmherzigkeit sich selbst gegenüber wird auch die Hilfe andern gegenüber verfälschen. Da wird sich in meine Liebe ein Besitzanspruch einschleichen. Da bin ich dann ärgerlich, wenn meine übergroße Liebe nicht honoriert wird. Damit ich den andern von Herzen liebe, damit ich wirklich ein Herz für ihn oder sie haben kann, muß ich zuerst selbst in Berührung kommen mit meinem Herzen, muß ich mein Herz zunächst all dem Armen und Unglücklichen in mir zuwenden. Dann kann ich barmherzig sein. Dann werde ich andere nicht verurteilen, sondern ich werde sie gerade mit all dem Unglücklichen, Zerrissenen, Elenden, Unansehnlichen in mein Herz aufnehmen. Dann wird meine Hilfe ihnen kein schlechtes Gewissen vermitteln. Sie werden vielmehr Platz und Heimat finden in meinem Herzen.

# März

## 1.

Es gibt keinen Weg zur Ruhe, der nur äußerlich bleibt. Jeder Weg, der wirklich zur Ruhe führen will, geht über die Erfahrung meiner eigenen Wahrheit und über die Erfahrung Gottes.

## 2.

Der größte Feind der Ruhe ist der Druck, den wir uns selbst setzen. Viele möchten frontal gegen ihre Unruhe kämpfen. Aber dann werden sie sie nie los. Sie möchten meditieren und die innere Ruhe genießen. Aber wenn sie dann spüren, was da alles in ihnen auftaucht, ärgern sie sich. Sie können sich selbst nicht aushalten. Oft genug geben sie dann den Versuch wieder auf, innerlich still zu werden. Sie wollen die Unruhe loswerden. Aber es geht nicht darum, sie loszuwerden, sondern sie loszulassen.

## 3.

Immer wieder enttäuscht uns das Leben. Wir sind enttäuscht über uns selbst, über unser Versagen und Scheitern. Wir sind enttäuscht von unserem Beruf, von unserem Ehepartner, von der Familie, vom Kloster, von der Pfarrei. Manche reagieren resigniert auf die Enttäuschung. Sie finden sich halt ab mit dem Leben, wie es ist. Aber in ihrem Herzen stirbt jede Lebendigkeit ab, jede Hoffnung. Die Träume vom Leben werden begraben. Auch die Enttäuschung könnte mich zum Schatz führen. Vielleicht will sie mich von den Illusionen befreien, die ich mir über mich und meine Zukunft gemacht habe. Vielleicht habe ich alles mit einer rosaroten Brille angeschaut, und jetzt reißt mir die Enttäuschung die Brille aus dem Gesicht und zeigt mir die Wahrheit meines Lebens.

Die Enttäuschung entlarvt die Täuschung, der ich bisher verfallen war, und hebt sie auf. Sie zeigt mir, daß mein Selbstbild nicht gestimmt hat, daß ich mich falsch eingeschätzt habe. So ist die Enttäuschung die Chance, das wahre Selbst zu entdecken, das Bild, das Gott sich von mir gemacht hat. Natürlich tut die Enttäuschung erst einmal weh. Aber durch den Schmerz hindurch kann ich lernen, mich mit der Realität auszusöhnen und so realistisch und angemessen zu leben.

## 4.

Mit der Existenz des Menschen ist eine Grundangst verbunden, die auch von der Psychologie nicht aufgelöst werden kann. Es ist die Angst, die durch seine Endlichkeit gegeben ist, die Angst, kein Recht für sein Dasein zu haben, nicht in sich zu ruhen, sondern angewiesen zu sein auf einen anderen. Diese Grundangst des Menschen kann keine Psychologie aufheben, sie kann nur in einem abgrundtiefen Vertrauen auf Gott überwunden werden, der uns den Grund unseres Daseins schenkt, der uns aus Liebe geschaffen hat und uns aus Gnade leben läßt.

## 5.

Sobald ich gegen meine Angst nur ankämpfe, wird sie mich überallhin verfolgen. Ich muß sie anschauen, zulassen, mich mit ihr anfreunden. Dann verliert sie an Macht über mich. Dann bin ich mitten in meiner Angst doch von ihr frei. Aber viele ärgern sich, wenn die Angst wieder in ihnen auftaucht. Sie fühlen sich als Versager. Dann haben sie schon Angst vor der Angst. Sie befürchten, daß die Angst wieder auftauchen könnte und sie sich dann als Versager fühlen würden. So sind sie auf die Angst fixiert und sie wird zu einem Dauerproblem. Wenn ich die Angst einfach wahrnehme und mich damit aussöhne, daß sie da ist, kann ich mich auch von ihr distanzieren. Ich gebe zu, daß die Angst vor der Krankheit immer wieder hochkommt, auch wenn ich mir noch so sehr klar mache, daß ich dafür keinen Grund habe. Ich verurteile mich deshalb nicht. Ich setze mich nicht unter Leistungsdruck, daß ich diese Angst doch endlich überwinden müsse. Ich lasse sie vielmehr zu. Ich schaue sie an, frage sie, was sie mir sagen möchte. Ich spreche mit ihr, aber nach dem Gespräch verabschiede ich mich auch von ihr. Wenn ich sie zulasse, kann ich mich zugleich von ihr distanzieren. Die Angst ist da, aber sie bestimmt mich nicht.

## 6.

Die Angst vor der Haltlosigkeit des Daseins versucht der Mensch zu überwinden, indem er sich an vielem festhält, am Besitz, am Erfolg, vor allem aber an Menschen. Er klammert sich an einen geliebten Menschen und erwartet von ihm absolute Geborgenheit. Aber dadurch gerät er nur noch mehr in Angst, weil er spürt, daß kein Mensch ihm absoluten Halt geben kann. Jeder ist sterblich, jeder hat seine Schwächen. Absolute Geborgenheit kann uns nur Gott schenken. Er trägt uns und hält uns. Aus seinen schützenden und liebenden Armen werden wir niemals fallen. Er erfüllt uns unsere Sehnsucht nach absolutem Halt. Ein Mensch kann uns Zeichen sein für diese absolute Geborgenheit.

## 7.

Die Angst vor der Wertlosigkeit des Daseins versucht man zu überwinden, indem man sich seinen Wert selbst beweisen will, durch viel Arbeit, durch immer höhere Leistung, aber auch durch peinlich genaue Erfüllung aller religiösen Pflichten. Man will sich selbst und den anderen, ja auch Gott seinen Wert beweisen. Man will so auf sich aufmerksam machen, daß einem keiner mehr übersehen kann. Man will Gott gegenüber so gewissenhaft seine Pflicht tun, daß ihm gar nichts anderes übrig bleibt, als einen zu belohnen. Doch auch mit dem größten Ehrgeiz können wir die Angst vor unserer Wertlosigkeit nicht überwinden. Im Gegenteil, wir spüren, daß uns unsere Leistung den anderen nicht näher bringt. Wir verspannen und verkrampfen uns. Die Angst vor der eigenen Wertlosigkeit können wir nur durch den Glauben überwinden, daß wir vor Gott wertvoll sind, bevor wir etwas geleistet haben, wertvoll einfach durch unser Sein, so wertvoll, daß Christus für uns gestorben ist, daß Gott sich um uns kümmert, ja daß er sogar Wohnung in uns nimmt.

## 8.

In der Angst vor der Schuldhaftigkeit des Daseins hat man das Gefühl, allein durch sein Dasein schon Schuld auf sich geladen zu haben. Und man entschuldigt sich dann ständig, daß man überhaupt am Leben ist, daß man den anderen die Zeit stiehlt, den Raum zum Leben, die Luft zum Atmen wegnimmt. Oder man versucht, diese Angst durch Übernützlichkeit zu ersticken. Aber auch das gelingt nicht. Man verausgabt sich und irgendwann kann man nicht mehr und spürt, daß man das ganze Leben versäumt hat. Um die Schuld für sein Dasein abzutragen, hat man am Leben vorbeigelebt. Und so steht man völlig leer und ausgepumpt da. Auch diese Angst kann uns nur der Glaube nehmen, daß wir aus Gnade leben, daß wir leben, weil Gott uns gewollt und uns aus Liebe, aus seinem Wohlgefallen heraus geschaffen hat. Wir glauben, daß Gott uns liebt, daß er Zeit für uns hat, daß er froh ist über unser Dasein. Diese Erfahrung des Glaubens befreit uns von aller Angst und vor den unnützen Schuldgefühlen, mit denen wir uns oft genug zerfleischen. Wenn in mir manchmal solche lähmenden Schuldgefühle auftauchen, dann hilft mir der Satz aus dem 1. Johannesbrief: „Wenn das Herz uns auch verurteilt – Gott ist größer als unser Herz, und er weiß alles." (1 Joh 3,20)

## 9.

Eine Einsicht, die ich habe, nützt mir nichts. Erst wenn sie über mich hereinbricht, kann sie mich heilen. Ohne emotionale Beteiligung ist keine Änderung des menschlichen Verhaltens möglich. Erst wenn der verdrängte Schmerz ins Herz darf, kann der Mensch auf die Ersatzschmerzen verzichten, die er sich zulegt, um sich vor dem eigentlichen Schmerz zu schützen.

## 10.

Wir sollen uns über keinen Gedanken wundern, der in uns auftaucht, auch wenn er noch so gemein und unfair, noch so egoistisch und brutal ist. Wir sollen keine Angst bekommen, wenn wir in uns Haß und Neid, Eifersucht und Groll entdecken oder wenn wir merken, daß wir einem andern den Tod wünschen. Wir sollen uns dann keine Vorwürfe machen, daß wir doch so nicht denken dürfen, daß wir von Grund auf schlecht sind, weil wir solche Gedanken in uns haben. Wir sollten vor keinem Gedanken in uns erschrecken. Das nützt uns nichts und treibt uns nur in Angst und unfruchtbare Selbstvorwürfe.

Die richtige Reaktion ist , sich einzugestehen, ja, der und der Gedanke ist in mir, ich wünsche ihm den Tod, ich spüre in mir Haßgefühle, Mordgedanken, Eifersucht, die Lust, den andern fertigzumachen. Ich lasse den Gedanken in mir zu, aber ich agiere ihn nicht aus. Ich kämpfe mit ihm, indem ich nach der Wurzel frage: Woher kommt dieser Gedanke, was sagt er über mich aus, welche positive Kraft steckt in ihm, welche Sehnsucht drückt sich in ihm aus und auf welche inneren Wunden weist er mich hin? Wie sehr muß mich meine Wunde schmerzen, daß ich so über den andern denke? Anstatt uns den Gedanken zu verbieten, lassen wir ihn zu und können offen mit ihm kämpfen. Nur so können wir ihn überwinden, ohne ständige Angst, daß er in uns wieder auftauchen könnte.

## 11.

Wir können die negativen Gedanken in uns nicht einfach vertreiben. Das ist auch nicht nötig. Wir sollen aktiv auf sie reagieren. Wir sollen sie nicht unterdrücken, sondern mit ihnen umgehen, mit ihnen kämpfen. Daß sie immer wieder kommen, ist nicht schlimm. Wir können sie nicht daran hindern. Das schildert Poimen anschaulich:

Ein Bruder kam zum Altvater Poimen und sagte: „Vater, ich habe vielerlei Gedanken und komme durch sie in Gefahr.“ Der Altvater führte ihn ins Freie und sagte zu ihm: „Breite dein Obergewand aus und halte die Winde auf!“ Er antwortete: „Das kann ich nicht!“ Da sagte der Greis zu ihm: „Wenn du das nicht kannst, dann kannst du auch deine Gedanken nicht hindern, zu dir zu kommen. Aber es ist deine Aufgabe, ihnen zu widerstehen.“

## 12.

Die Aufgabe des geistlichen Lebens besteht nicht nur darin, frei von Fehlern zu werden und Triebe und Leidenschaften zu beherrschen, sondern an Leib und Seele gesund zu leben. Wenn wir unsere Gesundheit als geistliche Aufgabe verstehen, dann hat das Folgen für unsere Spiritualität.

## 13.

Wenn wir krank sind, sollen wir uns fragen, was auch in unserer Seele krank ist oder wo wir ungesund leben, wo wir uns selbst durch Aggressionshemmung, Lust- und Bedürfnishemmung vom Leben abschneiden. Die Krankheit ist eine Chance zur ehrlichen Selbsterkenntnis. In ihr entdecken wir, was uns wirklich fehlt. Die Krankheitssymptome sind Bilder für unseren seelischen Zustand. Wir brauchen die Krankheit, um uns selbst zu erkennen. Denn keiner von uns ist von sich aus so ehrlich, daß er sich ganz und gar anschaut. Allzuleicht fallen wir den inneren Verdrängungsmechanismen zum Opfer. Der Leib zwingt uns, die Verdrängungen anzuschauen. Da werden sie sichtbar und sind nicht mehr zu übersehen. Dafür sollen wir dankbar sein. Denn sonst würden wir uns nie wirklich erkennen und wir würden unser Maß nicht finden, das wir zu einem gesunden Leben brauchen.

## 14.

Was uns eine Krankheit sagen möchte, können wir oft schon durch das Hinhören auf ihre sprachliche Beschreibung. Einer sagt: „Ich habe die Nase voll“, und zeigt damit, daß er überfordert ist. Ein anderer sagt: „Ich bin verschnupft“, und weist damit auf eine Kränkung hin, auf die er allergisch reagiert. Der andere meint, er habe sich angesteckt. Ihm ist jemand zu nahe gekommen und er möchte, daß ihm niemand zu nahe trete. Ein anderer sagt, er habe sich erkältet und bezeichnet damit die Kälte, die ihm von andern entgegenschlägt. Er fühlt sich unterkühlt und friert in der eisigen Atmosphäre des Miteinanders. Wenn ich auf diese Botschaft der Krankheit höre, verstehe ich meine momentane Situation besser und kann versuchen, echter und wahrer zu leben.

## 15.

Jeder gerät in seinem Leben einmal auf Wege, die nicht weiterführen, in Sackgassen, die vor einer Mauer enden, auf Umwege, die endlos sein zu scheinen, auf Irrwege, die ihn in die verkehrte Richtung lenken, auf Abwege, die im Sand verlaufen. Und wir erleben es ähnlich wie der verlorene Sohn, daß wir auf einmal erkennen: So geht es nicht weiter. „Ich will aufbrechen und zu meinem Vater gehen." (Lk 15,18) Das griechische Wort „anastas", das dort steht, heißt eigentlich: aufstehen. Es ist das Wort, das auch für die Auferstehung gebraucht wird. Irgendwann auf unseren Irrwegen möchten wir aufstehen und den eigenen Weg gehen. Dann feiern wir Auferstehung. Dann feiert der Engel mit uns. Und es war der Engel, der uns den Gedanken eingegeben hat, aufzustehen, uns nicht mehr weiter treiben zu lassen auf Wegen, die nicht weiterführen, den Aufstand zu wagen gegen alles, was uns vom Weg zum Leben abhält.

Es ist tröstlich zu wissen, daß uns unser Engel auch auf allen Umwegen und Irrwegen begleitet. Er hat offensichtlich Geduld mit uns. Er verläßt uns nicht, auch wenn unser Weg noch so abschüssig wird. Wir dürfen vertrauen, daß er sich irgendwann auf unserem Weg zu Wort meldet und uns im Herzen eingibt, aufzustehen und den Weg zu wählen, der uns in die größere Lebendigkeit und Freiheit und Liebe führt.

## 16.

Sich selbst lieben heißt sich annehmen. Auf den Rat, sich selbst anzunehmen, stößt man heute allerorten. Aber die Frage ist, wie ich das denn konkret tun soll. Lieben heißt gut haben, gut handhaben. Es hat etwas mit den Händen zu tun. Auch annehmen kann ich nur mit den Händen. Ich nehme etwas in meine Hände, es wird ein Teil von mir. Sich selbst annehmen heißt, sich selbst in seine Hände nehmen, zärtlich und gut mit sich umgehen. Liebe ist etwas Handgreifliches, etwas Leibhaftes. Ich gehe gut mit mir um, wenn ich meinen Leib gut behandle, ich soll ihn nicht verweichlichen, sondern durchsichtig machen auf Gott hin. Ich soll auf ihn hören. Durch Krankheit, durch Behinderungen, durch Schmerzen sagt er mir etwas über mich selbst aus. Was er mir sagt, das soll ich annehmen, in meine Hände nehmen, einen Teil von mir werden lassen, mich damit aussöhnen. Das gleiche gilt von den Gedanken, die in mir aufsteigen. Auch sie soll ich annehmen, als einen Teil von mir akzeptieren. Aber ich soll auch unterscheiden, ob die Gedanken nicht von außen auf mich einstürmen und mich daran hindern, ich selbst zu sein. Dann muß ich auch gegen die Gedanken kämpfen und mich dadurch gut behandeln, daß ich gute Gedanken in mich einlasse, mich von ihnen heilen lasse.

## 17.

Sich der eigenen Schuld zu stellen, gehört zur Würde des Menschen. Ich bin schuldfähig. Wenn ich meine Schuld verharmlose, indem ich nach Entschuldigungen suche oder die Schuld auf andere schiebe, dann beraube ich mich der Würde, daß ich schuldig werden kann. Schuld ist immer Ausdruck meiner Freiheit. Die Entschuldigung oder die Verharmlosung der Schuld nehmen mir meine Freiheit. Indem ich die Verantwortung für meine Schuld übernehme, verzichte ich auf alle Rechtfertigungsversuche oder auf die Schuldzuweisungen an andere. Das ist die Bedingung dafür, daß ich als Mensch innerlich weiterkomme, daß ich aus dem Gefängnis der permanenten Selbstbestrafung und Selbsterniedrigung ausbreche und zu mir selber finde. Das Eingeständnis der Schuld gegenüber einem Menschen führt oft zur Erfahrung einer größeren Nähe und eines tieferen Verständnisses füreinander.

## 18.

Die Versöhnung mit sich selbst bedeutet ja zu sagen zu dem, der ich geworden bin, ja zu sagen zu meinen Fähigkeiten und Stärken, aber auch zu meinen Fehlern und Schwächen, zu meinen Gefährdungen, zu meinen empfindlichen Stellen, zu meinen Ängsten, zu meiner depressiven Neigung, zu meiner Bindungsunfähigkeit, zu meinem geringen Durchhaltevermögen. Ich muß liebevoll auf das schauen, was mir gar nicht liegt, was meinem Selbstbild so ganz und gar widerspricht, auf meine Ungeduld, auf meine Angst, auf mein geringes Selbstwertgefühl. Das ist ein lebenslanger Prozeß. Denn auch wenn wir meinen, wir hätten uns längst ausgesöhnt mit uns selbst, so tauchen immer wieder Schwächen in uns auf, die uns ärgern, die wir am liebsten verleugnen würden. Dann gilt es von neuem, ja zu sagen zu allem, was in uns ist.

## ∞ 19. ∞

Es geht darum, den Feind in sich selbst zu lieben. Das ist gar nicht so leicht. C. G. Jung stellt die kritische Frage: „Daß ich den Bettler bewirte, daß ich dem Beleidiger vergebe, daß ich den Feind sogar liebe im Namen Christi, ist unzweifelhaft hohe Tugend. Was ich dem geringsten unter meinen Brüdern tue, das habe ich Christo getan. Wenn ich nun aber entdecken sollte, daß der geringste von allen, der ärmste aller Bettler, der frechste aller Beleidiger, ja der Feind selber in mir ist, daß ich selber des Almosens meiner Güte bedarf, daß ich mir selber der zu liebende Feind bin, was dann?" Es braucht eine moralische Entscheidung, den Feind in sich zu lieben und sich selbst so anzunehmen, wie Gott einen geschaffen hat, auch mit all den Seiten, die unserem eigenen Idealbild nicht entsprechen. Den Schatten annehmen bedeutet allerdings nicht, ihn auch auszuleben. Wir müssen um ihn wissen und manche Stimmen des Schattens genügend berücksichtigen. Aber wir dürfen zugleich unsere Wertmaßstäbe nicht über den Haufen werfen. Wir müssen uns immer bewußt sein, was wir leben und welche Werte wir befolgen wollen. Dann können wir entscheiden, welche Bereiche unseres Schattens wir integrieren können und welchen wir Widerstand leisten müssen.

## 20.

Die Versöhnung mit meinen Verletzungen bedeutet dann zugleich, daß ich denen, die mich gekränkt haben, vergebe. Der Prozeß der Vergebung braucht allerdings oft lange. Es ist nicht einfach ein Willensakt. Ich muß nochmals das Tal der Tränen durchschreiten, um dann an das Ufer der Versöhnung zu gelangen. Von dort kann ich zurückblicken und verstehen, daß die Eltern mich nicht bewußt verletzt haben, sondern nur deshalb, weil sie selbst als Kinder getreten worden sind.

Es gibt keine Versöhnung mit meiner Lebensgeschichte ohne Vergebung. Ich muß denen, die mich verletzt haben, vergeben. Nur so kann ich die Vergangenheit loslassen, nur so kann ich mich vom ständigen Kreisen um meine Wunden befreien, nur so werde ich frei vom destruktiven Einfluß derer, die mich gekränkt und entwertet haben.

## 21.

Die sicherlich schwierigste Aufgabe ist die Versöhnung mit sich selbst. Wir liegen oft genug im Streit mit uns, mit den verschiedenen Strebungen in uns. Wir können uns selbst nicht vergeben, wenn wir einen Fehler gemacht haben, der unser Image nach außen hin ankratzt. Wir können nicht ja sagen zu unserer Lebensgeschichte. Wir rebellieren dagegen, daß wir diese Erziehung hatten, daß wir in diese Situation der Weltgeschichte hineingeboren wurden, daß sich unsere Träume vom Leben nicht verwirklichen ließen, daß wir als Kinder so tief verletzt und an unserer Entfaltung gehindert wurden. Manche bleiben ihr Leben lang in der Anklage und Rebellion gegen ihr Schicksal stehen. Sie klagen bis an ihr Lebensende ihre Eltern an, daß sie von ihnen nicht die Liebe bekommen haben, die sie gebraucht hätten. Sie klagen die Gesellschaft an, daß sie ihr nicht die Chancen eingeräumt hat, die sie von ihr erwartet hatten. Immer sind es die anderen, die schuld sind an ihrer Misere. Sie fühlen sich ihr Leben lang als Opfer. Damit entschuldigen sie ihre Lebensverweigerung. Sie lehnen es ab, sich mit ihrer Lebensgeschichte auszusöhnen, und zugleich weigern sie sich, die Verantwortung für ihr Leben zu übernehmen. Und weil sie für sich selbst keine Verantwortung übernehmen, sind sie auch nicht bereit, in der Gesellschaft eine verantwortliche Stelle zu bekleiden. Sie bleiben ständig auf der Anklagebank. Immer sind die andern schuld: die Regierung, der Bürgermeister, die Behörden, die Gesellschaft, die Kirche, die Familie. Letztlich verweigern sie mit ihrem ständigen Protest und ihrer permanenten Anklage das Leben selbst. Sie leben nicht wirklich, sondern erleben sich als Ankläger vor Gericht, indem sie über die anderen urteilen wollen, ohne sich selbst dem Gericht zu stellen.

## 22.

Es geht nicht nur darum, sich nicht von den Leidenschaften beherrschen zu lassen, sondern um eine Integration der Leidenschaften in das Ganze des Lebens. Wenn sie integriert sind, dann dienen sie allem, was ich tue. Dann wird meine Spiritualität leidenschaftlicher und lebendiger. Die integrierte Leidenschaft wird meine Arbeit befruchten, meine Beziehungen intensiver gestalten, meinen Einsatz für andere stärken. Eine wichtige Aufgabe menschlicher Selbstwerdung wäre heute die Integration der Sexualität. Wenn Sexualität abgespalten wird, dann wirkt sie sich verheerend auf die Psyche des einzelnen aus, aber auch auf das Miteinander. Man schnüffelt dann ständig in der Privatsphäre des anderen herum und spioniert seine sexuelle Veranlagung aus. Integration ist auch mehr als Sublimierung. Von Sublimierung spricht man, wenn auf die Sexualität um höherer Beweggründe willen verzichtet wird. Integration aber heißt, daß sie hineinfließt in alles, was ich tue, in mein Gebet, in meine Beziehungen, in meine Arbeit, in meinen Leib, in meine Seele. Wer alles, was er in sich entdeckt, in seine Seele integriert, der ist in Wirklichkeit integer. Er ist makellos und ganz.

## 23.

Irgendwann einmal müssen wir uns aussöhnen mit allem, was wir erlebt und erlitten haben. Nur wenn wir bereit sind, uns auch mit unseren Wunden auszusöhnen, können sie sich wandeln. Für Hildegard von Bingen ist es die eigentliche Aufgabe des Menschen, seine „Wunden in Perlen zu verwandeln“. Das gelingt aber nur, wenn ich ja sage zu meinen Wunden, wenn ich aufhöre, andere dafür verantwortlich zu machen. Die Versöhnung mit meinen Wunden geht allerdings erst einmal über das Zulassen des Schmerzes und der Wut denen gegenüber, die mich verletzt haben.

## 24.

Die Vergebung steht am Ende der Wut und nicht am Anfang. Solange der andere, der uns verletzt hat, noch in uns steckt, kann die Wunde nicht heilen. Wenn das Messer noch in der Wunde bleibt, wird die Wunde sich niemals schließen. Die Wut ist die Kraft, das Messer der Verletzung aus uns heraus zu werfen, den, der uns verletzt hat, aus unserem Herzen zu weisen. Wir brauchen erst eine gesunde Distanz zum Verwunder, um ihm gegenüber treten zu können. Erst dann sind wir fähig, ihm ins Antlitz zu schauen. Solange er noch in uns ist, erkennen wir ihn gar nicht richtig. Wir spüren nur die Verletzung, sehen aber nicht das Gesicht dessen, der uns verletzt hat. Wenn wir ihn aus einer gesunden Distanz heraus sehen, erkennen wir vielleicht, daß er selbst ein verletztes Kind ist, daß er einfach um sich geschlagen hat, weil er selbst soviel geschlagen worden ist, daß er uns gekränkt hat, weil er selber krank ist.

## 25.

Viele machen Gott für ihre verworrene Lebensgeschichte verantwortlich. Sie brauchen die Anklage, um einen Grund zu haben, ihr Leben zu verweigern. Gott ist schuld, daß sie in diese Familienkonstellation hineingeraten sind, daß sie diese Eigenschaften mitbekommen haben, daß sie so viele Defizite haben und so große Lasten mit sich herumschleppen müssen. Gott habe sie ungerecht behandelt, habe sie fallen gelassen und sich nicht um sie gekümmert. So leben sie unversöhnt, in sich selbst zerrissen, unzufrieden mit sich und aller Welt, in ständigem Protest gegen Gott, der für ihr Schicksal verantwortlich sei. Manche tun sich schwer mit der Vorstellung, daß sie Gott vergeben sollen. Aber zur Annahme der eigenen Lebensgeschichte gehört es auch, daß wir Gott vergeben können, daß er uns diesen Weg zugemutet hat.

## 26.

Zur Aussöhnung mit sich selbst gehört auch die Aussöhnung mit dem eigenen Leib. Das ist gar nicht so einfach. Den Leib können wir nicht ändern. In Gesprächen erfahre ich immer wieder, wieviel Menschen an ihrem Leib leiden. Der Leib ist nicht so geworden, wie sie ihn gerne hätten. Er entspricht nicht dem Idealbild, das die gesellschaftliche Mode heute vom Mann oder von der Frau hat. Viele fühlen sich zu dick und genieren sich deshalb. Sie halten ihr Gesicht nicht für attraktiv. Sie fühlen sich in ihrem Körperbau benachteiligt. Frauen leiden darunter, wenn sie zu groß sind, Männer, wenn sie zu klein sind. Nur wenn ich meinen Leib liebe, so wie er ist, wird er auch schön. Denn Schönheit ist ja relativ. Es gibt die schöne Puppe, die aber kalt und ausdruckslos ist. Schönheit heißt, daß Gottes Herrlichkeit durch mich hindurch strahlt. Das wird sie aber nur, wenn ich meinen Leib annehme und Gott hinhalte. Nur so kann er durchlässig werden für Gottes Liebe und Schönheit.

## 27.

Ein geordnetes Leben bringt auch in das innere Durcheinander eine gewisse Ordnung. Die äußere Ordnung bewahrt einen davor, der Unordnung des eigenen Unbewußten ausgeliefert zu sein. Poimen drückt das so aus: Wenn der Mensch Ordnung einhält, dann wird er nicht verwirrt.

## 28.

Die Sehnsucht nach Harmonie weicht der harten Realität aus und flüchtet in eine Scheinwelt. Die Liebe stellt sich der Wirklichkeit, sie läßt sich auf sie ein und wandelt sie um. Verwandeln kann man nur, was man angenommen hat. Diesem Grundgesetz des Lebens folgt die Liebe, indem sie bejaht, was sie vorfindet.

## 29.

Du mußt die Liebe in Dir nicht schaffen. Du sollst aus dem Quell der göttlichen Liebe trinken, die in Dir sprudelt und die für Dich immer reicht.

## 30.

Es ist eine häufige Erfahrung, daß uns gerade dort, wo wir innerlich am Ende sind, ein Engel den Himmel öffnet und unser Leben wieder auf Gott hin durchlässig erscheinen läßt. Dort, wo wir nichts mehr erhoffen, dort tritt ein Engel in unser Leben und läßt uns alles in einem andern Licht erkennen. Die ausweglose Krise wird für viele zum Ort, an dem sie einen spirituellen Weg entdecken. Der spirituelle Weg ist aber kein billiger Ausweg, kein Überspringen der eigenen Krise, sondern der einzige Weg, der wirklich weiter führt. Wenn nach außen hin nichts mehr geht, dann können wir nur auf dem inneren Weg weiter schreiten, so daß unser Leben wieder gelingt. Dann entdecken wir auf dem inneren Weg unser wahres Selbst, das uns einen Ausweg weist aus der Sackgasse, in die wir geraten sind.

## 31.

Deine Wunden werden durch den Engel der Heilung zu einem kostbaren Besitz, zu kostbaren Perlen, wie Hildegard von Bingen sagt. Denn dort, wo Du verwundet warst, dort wirst Du offen sein für die Menschen um Dich herum, dort wirst Du sensibel reagieren, wenn sie von ihren Wunden erzählen. Dort wirst Du selbst lebendig sein. Dort kommst Du in Berührung mit Dir selbst, mit Deinem wahren Selbst. Ich wünsche Dir, daß Dir der Engel der Heilung die Hoffnung schenkt, daß all Deine Wunden heilen können, daß Du nicht einfach von Deiner Geschichte der Verletzungen definiert wirst, sondern daß Du ganz in der Gegenwart leben kannst, weil Dich Deine Wunden nicht mehr am Leben hindern. Sie befähigen Dich vielmehr zum Leben. Der Engel der Heilung möchte Deine Wunden in Quellen der Lebendigkeit und Quellen des Segens für Dich und für andere verwandeln.

# April

## 1.

In uns liegt so vieles nebeneinander, ohne daß es eine Einheit zu bilden scheint. Wir erleben uns immer wieder anders. Manchmal fühlen wir uns gut, dann sind wir wieder traurig. Und wir wissen oft gar nicht, woher es kommt. Wir fühlen uns voller Dankbarkeit, und im nächsten Augenblick überkommen uns Ärger und Wut, gleichsam ohne Vorwarnung. Beide Gefühle, Dankbarkeit und Ärger, scheinen nichts miteinander zu tun zu haben. Sie sind nebeneinander. Wir meinen, die Dankbarkeit würde uns ganz erfüllen und uns den ganzen Tag begleiten. Aber ohne daß wir es merken, hält uns auf einmal der Ärger besetzt. Oder wir meinen, jetzt hätten wir es geschafft, daß wir endlich Vertrauen gewonnen haben, Vertrauen ins Leben, Vertrauen zu uns selbst, Vertrauen zu Gott. Und schon im nächsten Augenblick sind wir wieder voller Angst. Wir haben auf einmal eine abgrundtiefe Angst vor Krankheit und Tod. Wir haben Angst, den heutigen Tag nicht zu bestehen. In diesem Augenblick meinen wir, alles Vertrauen sei verflogen. Wir denken, daß unser Vertrauen bloße Einbildung war, daß wir uns etwas vorgemacht haben. Wir bringen diese beiden Erfahrungen von Vertrauen und Angst, von Glauben und Zweifel, von Zuversicht und Hoffnungslosigkeit nicht zusammen. Sie stehen disparat nebeneinander und erschrecken uns. Dieses Vielerlei, das beziehungslos in uns liegt, stellt uns die Frage, wer wir eigentlich sind. Sind wir die, die vertrauen können, oder die, die voller Angst sind, oder sind wir beides? Was ist der Kern, der alles zusammen hält?

## 2.

Von Zeit zu Zeit braucht es wohl jeder von uns, daß wir uns einmal zurückziehen vom Lärm und von der Hektik des Alltags. Sonst gehen wir auf in dem Trubel. Wir funktionieren nur, aber wir leben nicht mehr, wir sind nicht mehr wir selbst. Wenn Du Dich an einen stillen Ort zurückziehst, so kann es sein, daß Du den Lärm Deiner Welt mitnimmst, daß es gar nicht so angenehm ist, mit all dem konfrontiert zu sein, was da in Dir hochkommt. Und es braucht einige Zeit, bis Du Dich freigemacht hast von den Problemen des Alltags. Dann erst beginnt der innerliche Rückzug. Du nimmst Dich zurück, trittst zurück von dem, was Du tust, was Dich beschäftigt. Du kommst mit Dir in Berührung. Du entdeckst, was Dich in der Tiefe Deines Herzens bewegt.

## 3.

Ein konkreter Weg, wie wir innerlich wie auch äußerlich zur Ruhe kommen können, ist das Fasten, das sich heute wieder großer Beliebtheit erfreut. Wenn ich etwa eine Woche lang faste, dann erlebe ich, daß meine Bewegungen von alleine ruhiger werden. Ich gehe langsamer. Ich spüre, daß ich keine Hektik vertrage. Ich kann gut und viel arbeiten, aber sobald ich hektisch werde, merke ich, wie mir schwindlig wird, wie ich mit diesem gehetzten Tun mich selbst beschwindle. Das Fasten konfrontiert mich allerdings am Anfang mit vielen Gedanken und Gefühlen, die ich verdrängt habe, vor allem mit Ärger und Enttäuschung. Ich spüre, wie ich sonst diese Gefühle oft sofort unterdrücke, indem ich etwas esse. Man kann mit Essen negative Gefühle zustopfen, um sich selbst nicht spüren zu müssen. Wenn ich dem Hunger nicht nachgebe, sondern ihn aushalte, dann wird der alte Mechanismus durchbrochen. Das Fasten lädt mich ein, nach anderen Wegen zu suchen, meinen eigentlichen Hunger zu stillen.

## ꕤ 4. ꕤ

Wer bin ich denn wirklich? Was sind meine tiefsten Wünsche und Sehnsüchte? Wo bin ich am tiefsten verletzt? Wo bin ich unerfüllt und unzufrieden? Was kann mich aus dem Gleichgewicht bringen? Wenn ich mit diesen Fragen den Gedanken und Stimmungen begegne, die während des Fastens in mir auftauchen, dann wird das Fasten zu einer guten Chance, mich selbst besser kennen zu lernen und mit mir ein Stück mehr in Einklang zu kommen.

## ꕤ 5. ꕤ

Ich muß mein Bedürfnis anerkennen und mich damit aussöhnen. Dann kann ich mich auch davon distanzieren. Verzichten ist aber nicht nur Ausdruck der inneren Freiheit. Es kann auch in die Freiheit führen. Wenn ich spüre, daß ich abhängig bin vom Kaffee am Morgen oder vom Bier am Abend, dann ist es sinnvoll, mir die Freiheit zu nehmen, einige Zeit, etwa während der Fastenzeit, darauf zu verzichten. Dann fühle ich mich wieder frei. Das tut meinem Selbstwertgefühl gut.

## ꕤ 6. ꕤ

Damit der Leib durchlässig werden kann für sein eigentliches Wesen, muß man sich in eine innere Freiheit ihm gegenüber hinein trainieren. Wer nur seinen vordergründigen Trieben folgt, tut sich und seinem Leib nichts Gutes. Es kommt darauf an, der tiefsten Sehnsucht in sich zu folgen, die etwas ahnt von der ursprünglichen Harmonie zwischen Leib und Seele.

## 7.

Verzichten setzt ein starkes Ich voraus. Wer ein schwaches Selbstwertgefühl hat, der braucht vieles, um seine innere Leere zu verdecken. Er ist ständig auf der Suche nach mehr. Er meint, er käme zur Ruhe, wenn er all das hat, was er zum Leben braucht. Aber ein Bedürfnis weckt das andere. Selbstbeschränkung ist aber nicht nur ein Kennzeichen für ein starkes Selbst, sondern auch ein konkreter Weg, das Selbst zu stärken. Indem ich verzichte auf all das, was die Menschen um mich herum haben, finde ich mehr und mehr meine eigene Identität. Ich werde stolz darauf, daß ich vieles nicht brauche. Das steigert mein Selbstwertgefühl. Und es führt dazu, daß ich mehr bei mir selbst bin anstatt bei den vielen Dingen, die meine Bedürfnisse befriedigen sollten. Je mehr ich aber bei mir selber bin, desto ruhiger werde ich.

## 8.

Das deutsche Wort „den Hunger stillen“ zeigt unsern altvertrauten Mechanismus. Normalerweise stillen wir den Hunger, indem wir essen. Die Mutter „stillt“ das Kind, indem sie ihm die Brust reicht. Indem sie das Kind „stillt“, wird es allmählich ruhig. Das Fasten „stillt“ auf andere Weise unseren Hunger. Es bringt uns zur Ruhe, indem wir auf den Grund unseres Hungers gelangen, indem wir den Hunger als Sehnsucht nach Liebe und Geliebtwerden, nach Erfüllung und Zufriedenheit erfahren. Wenn die Mutter das Kind stillt, dann ist es nicht nur die Nahrung, die den Hunger stillt, sondern auch die liebende Zuwendung, die das Kind zur Ruhe bringt. Im Fasten verzichten wir auf Sättigung und Zustopfen. Wir wenden uns in Liebe unserer eigentlichen Sehnsucht zu.

## 9.

In einem Väterspruch erzählt uns ein Altvater in einem Bild, daß wir nur durch Loslassen genießen können. Ein Kind sieht in einem Glaskrug viele Nüsse. Es greift hinein und möchte möglichst viele herausholen. Aber die geballte Faust geht nicht mehr durch die enge Öffnung des Kruges. Du mußt die Nüsse erst loslassen. Dann kannst Du sie einzeln herausnehmen und genießen. Lassen ist keine asketische Leistung, die wir uns mühsam abringen müssen. Vielmehr kommt sie aus der Sehnsucht nach innerer Freiheit und aus der Ahnung, daß unser Leben erst dann wirklich fruchtbar wird, wenn wir unabhängig und frei sind. Wenn wir nicht mehr abhängig sind von dem, was andere von uns denken und erwarten, wenn wir nicht mehr abhängig sind von der Anerkennung und Zuwendung von Menschen, dann kommen wir in Berührung mit unserem wahren Selbst.

## 10.

Jesus verzichtet nicht auf Essen und Trinken. Ja, er wird sogar Fresser und Weinsäufer genannt. Das Ziel des Lebens ist das Genießen. Die Mystiker sprechen davon, daß das ewige Leben im dauernden Genuß Gottes besteht. „Frui deo – Gott genießen" ist unser Ziel. Wir werden aber wohl Gott kaum genießen können, wenn wir uns hier nicht eingeübt haben in den Genuß der Gaben, die Gott uns anbietet.

## 11.

Wir können uns befreien von mancher Abhängigkeit und Sucht. Aber zugleich mache ich, je älter ich werde, die Erfahrung, daß ich nicht alles kann, was ich will, daß ich trotz aller Einsicht und trotz aller psychologischen und spirituellen Methoden immer wieder in Fehler falle, die mich ärgern, weil sie mein eigenes Selbstbild stören. Aber wenn ich mich dann vor Gott setze und mich ihm so hinhalte, wie ich bin, ohne auf mich zu schimpfen, dann mache ich die Erfahrung einer neuen Freiheit: ich muß mich ja gar nicht in Griff bekommen. Ich kämpfe und versuche, manches in mir zu verbessern. Aber ich stoße immer wieder auf meine Struktur und gerate immer wieder in Fallen. Wenn ich dann Gott meine leeren Hände hinhalte, dann fühle ich mich ganz frei, frei von allem Ehrgeiz, mich selbst besser machen zu wollen, frei von allen Selbstvorwürfen, frei von allem Druck, den ich mir selbst mache.

## 12.

Nicht nur die Sucht wirkt auf unser geistliches Leben, sondern jede Art zu essen und zu trinken. Wie einer ißt und trinkt, das sagt viel aus über seine geistliche Reife. Wenn einer alles hinunterschlingt, wird er wohl auch mit der Schöpfung und mit Gott so umgehen. Er wird dann auch Bücher verschlingen und nicht mehr wirklich genießen können. Vielleicht hat er auch das Staunen verlernt. Die Art des Essens sagt etwas über unseren Weltbezug aus. Wir behandeln die Welt und Gott ähnlich, wie wir die Speisen behandeln.

## 13.

Es kommt nie auf den äußeren Erfolg an, sondern nur darauf, ob das Fasten mich sensibler, gütiger, barmherziger macht. Ich darf mich nicht über meine elementaren Bedürfnisse hinwegsetzen, sondern soll im Fasten lernen, besser und gütiger damit umzugehen. Ich soll nicht unabhängig von Essen und Trinken werden, sondern mit mehr Ehrfurcht essen und trinken. Ich soll nicht in mich hineinschlingen, das Essen aber auch nicht als Zugeständnis an meine Natur gerade noch dulden, sondern ich soll fähig werden, es wirklich zu genießen, mich an den Gaben Gottes zu freuen. Das wird mit der Zeit zu einem bewußteren und langsameren Essen führen. Je bewußter ich esse, desto weniger bin ich in Gefahr, über das Maß hinaus zu essen, das mir gut tut. Irgendwie spürt jeder, wo bei ihm die Grenze ist. Das ist keine äußere Grenze, die er sich willkürlich setzt. Der Körper weiß es selbst, was ihm gut tut. Und es käme darauf an, mehr auf seinen Körper zu hören. Doch um auf meinem Leib hören zu können, muß um mich herum eine Atmosphäre des Schweigens sein. In dieser Atmosphäre entdecke ich dann meinen Leib als den wichtigsten Partner auf meinem geistlichen Weg.

## ꟿ 14. ꟿ

Wir sollen nicht unersättlich immer wieder Neues in uns hineinstopfen, sondern das Wenige, das wir gehört und gelesen haben, in unserem Herzen bewahren. Dann kann es uns verwandeln. Dann können wir davon leben. Dietrich Bonhoeffer schreibt im Gefängnis in Tegel, wie er sich Erinnerungen wachruft und wie sie ihm in der Einsamkeit der Gefängniszelle Licht und Trost schenken. Er konnte Begegnungen, er konnte Erfahrungen bei einem Gottesdienst, bei einem Konzert, in seinem Herzen bewahren und davon leben, mitten in der Kälte der Zeit. Seine Fähigkeit, heilsame Worte und Erfahrungen zu bewahren, gab eine Antwort auf die klagende Frage Hölderlins: „Weh mir, wo nehm' ich, wenn es Winter ist, die Blumen, und wo den Sonnenschein?" Er bewahrte die Blumen seiner Gotteserfahrung auf, so daß sie auch in der unfruchtbaren Wüste brutaler Nazischergen blühen konnten. Und er bewahrte den Sonnenschein in seinem Herzen, so daß die Kälte verschlossener Menschen ihm nicht bedrohlich werden konnte.

## 15.

Wenn ich auf einen gesunden Leib bedacht bin, muß ich mich um gute Gedanken kümmern. Und umgekehrt kann ich nicht erwarten, daß mein Geist klar ist, wenn ich den Körper mit Essen vollstopfe.

## ꙳ 16. ꙳

Dein Sprechen kommt aus dem Schweigen und ist durch das Schweigen geläutert. Du kennst vielleicht auch Leute, die alles, was ihnen in den Kopf kommt, auch herausplappern müssen. Sie sind sehr anstrengend. Sie können nichts für sich behalten. Sie können keinen Augenblick still sein. Offensichtlich haben sie Angst vor dem Schweigen. Da kann dann auch nichts in ihnen wachsen. Sie kommen nicht in ihre Mitte, sie spüren ihre Seele nicht. Sie leben nur an der Oberfläche des Geschwätzes. Wenn Du mit solchen Menschen zusammen triffst, dann freust Du Dich auf Zeiten des Schweigens, in denen Du mit niemandem reden mußt. Du genießt das Schweigen. Niemand will etwas von Dir. Du kannst einfach nur sein, im Schweigen hineinhorchen auf das, was in Dir hochkommen möchte.

## ꙳ 17. ꙳

Wir haben nicht bloß einen Leib. Und wenn wir uns für Gott öffnen wollen, dann müssen wir mit dem Leib beginnen. Wenn wir dem Herrn gehören wollen, dann muß das auch körperlich spürbar werden. Das Fasten „heiligt den Leib und führt schließlich den Menschen vor den Thron Gottes“. Es stellt uns in die Gegenwart Gottes. Es hält die Wunde offen, die uns auf Gott hin in Bewegung hält, damit wir nicht vorschnell die Befriedigung unserer Sehnsucht anderswo suchen, bei Menschen oder aber bei den Schönheiten dieser Welt. Das Fasten bewahrt uns davor, unsere Wunde vorschnell zuzudecken, sie vollzustopfen mit Ersatzbefriedigungen. Es läßt uns unsere tiefste Bestimmung leibhaft spüren, daß wir auf dem Wege zu Gott sind und daß nur Gott unsere innerste Unruhe zu stillen vermag.

## 18.

Es tut uns gut, wenn wir es fertig bringen, einmal für eine bestimmte Zeit auf manches zu verzichten, was uns sonst selbstverständlich ist. Es geht hier nicht um Härte sich selbst gegenüber, sondern um den Nachweis, daß wir noch frei sind, daß wir unseren Bedürfnissen nicht hoffnungslos ausgeliefert sind, daß wir noch einen freien Willen haben, der selbst entscheiden kann, was er will und was nicht. Solche Freiheit ist Zeichen unserer Würde. Wer nicht mehr frei ist, der resigniert, der läßt sich immer mehr von außen bestimmen. Das zieht ihn nach unten. Er läßt sich immer mehr treiben. Es hat ja doch alles keinen Zweck. So ist die Fastenzeit eine Zeit, in der wir uns beweisen wollen, daß wir noch freie Menschen sind. Und dieser Beweis tut uns gut. Er hebt unser Selbstbewußtsein. Der Verzicht, den wir im Fasten üben, ist aber nicht nur ein Weg in die Freiheit, sondern auch Ausdruck unserer Freiheit.

## 19.

Für die alten Mönche besteht offensichtlich ein enger Zusammenhang zwischen der Seele und dem Leib. Wenn der Leib fett wird, wird auch die Seele fett und stumpf. Das viele Essen mindert die geistige Wachheit des Menschen. Leibliche und seelische Gesundheit bilden eine Einheit. Diese Erkenntnis der heutigen Psychologie finden wir in den Schriften der frühen Mönche und Kirchenväter immer wieder.

So schreibt Athanasius: „Siehe da, was das Fasten wirkt! Es heilt die Krankheiten, trocknet die überschüssigen Säfte im Körper aus, vertreibt die bösen Geister, verscheucht verkehrte Gedanken, gibt dem Geist größere Klarheit, macht das Herz rein, heiligt den Leib und führt schließlich den Menschen vor den Thron Gottes … Eine große Kraft ist das Fasten und verschafft große Erfolge.“

## 20.

Wer echtes Mitleid zeigen will, muß leidensfähig sein. Wir sind heute in Gefahr, daß wir uns gegenüber der Flut von Schreckensmeldungen abschotten, weil wir soviel Leid auf einmal gar nicht verkraften. Wir sehen das Leid nicht unmittelbar, sondern durch das Medium des Fernsehens. Damit aber ist es weit weg von uns. Mitleid verlangt, daß ich mit den Menschen bin, die leiden, daß ich bereit bin, meine Zeit und mein Herz mit ihnen zu teilen. Teilen heißt aber nicht, daß ich mit dem Leid des andern verschmelze. Wenn ich mein Herz mit dem andern teile, dann bleibt der eine Teil meines Herzens vom Leiden unberührt. Er kann auf das Leid schauen und überlegen, wie man Abhilfe schaffen kann. Der andere Teil öffnet sich für das Leid, fühlt mit, läßt den andern bei sich eintreten. So kann ein Dialog im Leiden entstehen, der das Leiden lindert und zugleich nach Wegen Ausschau hält, wie das Leid überwunden werden kann.

## 21.

Zum Menschsein gehört notwendigerweise das Leiden an seiner endlichen Existenz, an seinen Grenzen und Schwächen, an seiner Sterblichkeit. Doch viele wollen nicht wahrhaben, daß sie endlich sind. Sie gebärden sich wie Gott. Darin besteht die Ursünde, sein zu wollen wie Gott, allmächtig, sich selbst genug, unangefochten. Aus dieser Ursünde entsteht das Unheil. Jetzt muß sich einer vor dem anderen verstecken, weil er doch nicht Gott ist, sondern nackt. Jetzt muß einer auf den andern neidisch werden und ihn aus dem Weg räumen, um an seiner eigenen Größe festhalten zu können wie Kain. Die Kirche führt uns in der Passionszeit den leidenden Gott vor Augen, damit wir von unserem Größenwahn lassen, sein zu wollen wie Gott.

## 22.

Bei allem Reden über Tod und Auferstehung bleibt die Unsicherheit darüber, wie ich persönlich meinen Tod vollziehen werde. Der Tod bleibt das Wagnis des Glaubens, sich mehr und mehr in die liebenden Hände Gottes fallen zu lassen. Und er fordert mich hier und jetzt schon heraus, in Gott meinen Grund zu suchen und nicht im Erfolg, nicht in der Anerkennung und Bestätigung, sondern in der Liebe Gottes, die mich trägt. Der Tod ist für mich die Einladung, jeden Augenblick intensiv und bewußt zu leben, hier in der Zeit schon Ewigkeit zu weben, das Festhalten an mir selbst loszulassen, um mich ganz dem gegenwärtigen Gott zu überlassen. Und der Tod ist für mich Ausdruck der Hoffnung, daß Gott mir eine ewige Zukunft bereitet hat, daß ich nicht aus der Liebe Gottes herausfallen werde. Gottes Liebe ist der Grund meiner Existenz hier in diesem Leben und im Tod. Gottes Liebe garantiert mir, daß ich nicht ins Nichts fallen werde, sondern aufgehoben werde in das wahre Sein, in dem ich in der Anschauung Gottes mich selbst vergessen kann und so erst ganz da bin, ganz der sein werde, als der ich von Gott von Ewigkeit her gedacht bin. Ich glaube daran, daß Gott im Tod meine tiefste Sehnsucht erfüllen wird.

## 23.

Wenn wir das Geheimnis unserer Existenz berührt haben, dann müssen wir auch danach leben. Denn eine Erkenntnis, die nur im Kopf bleibt, verfliegt wieder. Wir würden in einen Zwiespalt geraten, wenn Erkenntnis und Tun auseinanderklaffen. Ein Stück weit bleiben wir allerdings mit unserem Tun immer hinter der Erkenntnis des Glaubens zurück. Aber je mehr wir uns dem Geheimnis unseres Lebens zuwenden, desto mehr werden wir daraus leben.

## 24.

Was von Jesus gilt, könnten wir von uns genauso sagen. Auch wir wissen, daß wir letztlich von Gott gekommen sind und wieder zum Vater zurückkehren werden. Daher stünde es uns genauso an, wie Jesus Spuren unserer Liebe zu hinterlassen, die auch nach unserem Tod noch sichtbar bleiben. Für den einen ist diese Spur seiner Liebe die Art, wie er einen andern Menschen anschaut. Für den andern ist sie seine Hilfsbereitschaft. Für den andern die Offenheit für die Not des andern, die Liebe, die das Leben hingibt für die Freunde (Vgl. Joh 15,13). Bei einem ist diese Liebe sichtbar geworden in einem Photo, das die innere Flamme seiner Liebe darstellt. Bei einem andern drückt sie sich in seinen Werken aus, in Bildern, die er gemalt hat, in Briefen oder Büchern, die er geschrieben hat. Bei einem andern ist es einfach die Erinnerung, wie er den Menschen begegnet ist, was er zu ihnen gesagt hat, wie er sich gegeben hat. Ich möchte, daß die Menschen mit mir die Spur eines weiten Herzens verbinden, das sich nicht schont, weil es die Menschen gerne hat und in ihnen ihr einmaliges Leben hervorlocken möchte. Aber zugleich weiß ich, wie eng dieses Herz oft ist und wie es oft dunkle und destruktive Gedanken prägen.

## 25.

Das Feuer, das den Dornbusch erleuchtet, aber nicht verzehrt, ist ein Bild für die Liebe, es kann auch ein Bild für die Sexualität sein. Die Feuersgluten, durch die Pamina und Tamino in der Zauberflöte schreiten müssen, stellen ihre leidenschaftliche Liebe dar. Sie müssen durch Feuer und Wasser hindurch, damit ihre Leidenschaft sich in wahre und tragfähige Liebe wandle. Der brennende Dornbusch verheißt uns, daß auch in uns die Liebe Vertrocknetes und Verdorrtes wieder zum Leben wecken kann, daß die Liebe gerade das Verachtete und Schwache in Schönheit verwandeln kann. Die Liebe verwandelt, indem sie berührt. Durch zärtliche Berührung blühen Menschen auf, die vorher in sich verkrampft und hart waren, da werden Mauern weich, die zuvor Menschen voneinander getrennt haben, da kommt Licht in die dunkle Bitterkeit eines verschlossenen Herzens. Göttliche und menschliche Liebe kann unser leeres und ausgebranntes Herz verwandeln zu einem Ort von Licht und Herrlichkeit.

## 26.

Um reifer zu werden, um in den eigenen Seelengrund zu kommen, muß man sich durch die Enge der zwei Steine hindurchwinden, man kann nicht ständig neuen Methoden menschlichen und geistlichen Reifens nachlaufen. Das wäre nur eine Flucht vor dem Gedränge. Irgendwann einmal muß man den Mut haben, durch die Enge hindurch zu gehen, auch wenn man dabei die alte Haut verliert, auch wenn man Wunden und Schürfungen dabei erleidet. Entscheidungen engen ein. Aber ohne diese Enge zu durchschreiten wird man nicht reif, nicht neu. Der äußere Mensch muß aufgerieben werden, damit der innere von Tag zu Tag neu wird (vgl. 2 Kor 4,16).

## 27.

Wer meint, er müsse alles selbst lösen, der trägt schwer an seiner Verantwortung, der nimmt auch sein Menschsein als schwere Aufgabe. Die Leichtigkeit meint nicht Leichtsinn oder Fahrlässigkeit, sie gründet vielmehr auf einem tiefen Vertrauen, daß wir in Gottes guter Hand sind und daß Er für uns sorgt. Und sie weiß darum, daß wir Ihm nichts vorweisen müssen. Deshalb ist es nicht so schlimm, wenn wir einmal versagen. Denn Ihn können wir damit nicht betrüben. Wir ärgern uns nur selbst darüber, wenn wir unsern eigenen Vorstellungen nicht genügen.

## 28.

Häufig leben wir aus Gedanken und Maximen, ohne es zu wissen. Unsere Einreden laufen in unserem Kopf oder im Herzen ab, ohne daß wir es merken. Im Schweigen entdecken wir diese Einreden und konfrontieren uns damit. Wir kommen den Gedanken auf die Spur, die uns bestimmen, wenn wir unbeschäftigt sind. Als Heilmittel gegen diese Gedanken und Einreden sollten wir, so sagt ein Väterspruch, Worte der Schrift dagegensetzen und damit die Versuchungen überwinden. Bei unserer Suche nach Heilungsworten in der Schrift kommt es darauf an, möglichst prägnante Sätze zu finden, die sich leicht einprägen und sich zum Vorsagen eignen. Wenn man die Worte Jesu daraufhin untersucht, so entdeckt man, daß viele von ihnen diese „bannende Macht“ eines Sprichwortes besitzen: „Niemand kann zwei Herren dienen.“ (Mt 6,24, Habgier 42) „Alles, was ihr wollt, daß euch die Menschen tun, sollt auch ihr ihnen tun.“ (Mt 7,12, Habgier 43) „Laß die Toten ihre Toten begraben.“ (Mt 8,22, acedia 43) „Wer sich selbst erhöht, wird erniedrigt.“ (Lk 14,11, Stolz 52) Nicht umsonst sind viele Jesusworte im Volksmund sprichwörtlich geworden. Sie haben sich als Worte erwiesen, mit denen man lernen und leben kann.

## ꕤ 29. ꕤ

Die Engel, die uns begleiten, führen uns ein in das Geheimnis unseres Lebens. Sie decken den Sinn auf, wenn uns alles sinnlos erscheint. Ohne richtige Deutung können wir auch nicht richtig leben. So wie wir unser Leben deuten, so erleben wir es auch. Der Engel deutet uns das Leben so, wie Gott es sieht. Wenn wir seiner Deutung glauben, dann gelingt unser Leben.

## ꕤ 30. ꕤ

Alle die Menschen, die uns unser Schicksal deuten, erfahren wir als Engel. Und wir erleben sie oft genug als Engel der Auferstehung, die uns neues Vertrauen schenken, aus der Resignation aufzustehen in ein neues Leben hinein.

# Mai

## 1.

Alles, was wir der Gemeinschaft vorenthalten, wird ihr an Lebendigkeit fehlen. Wenn wir ihr unsere Schwäche vorenthalten, weil wir sie lieber verbergen möchten, dann kann an einer wichtigen Stelle die Gemeinschaft nicht aufblühen. Gemeinschaft heißt, daß wir alles miteinander teilen, unsere Stärken und unsere Schwächen. Aber es muß immer auch noch Raum sein für das eigene Geheimnis. Nur wenn jeder auch für sich sein kann und darf, kann Gemeinschaft entstehen.

## 2.

Ich kenne Gruppen, in denen jeder Angst hat, der andere könnte eine Idee, die er äußert, für sich benutzen. So kommt kein Gespräch zustande. Man bleibt nur an der Oberfläche. Man ist nicht bereit, seine Gedanken miteinander zu teilen. Aber nur wenn wir Gedanken austauschen und miteinander teilen, können neue Gedanken entstehen, werden wir bereichert durch den gegenseitigen Austausch. Auch unsere spirituellen Erfahrungen sollten wir miteinander teilen. Nur so werden sie auch für andere fruchtbar. Wenn wir auf unseren Erfahrungen sitzen bleiben, können wir sie auch nicht dankbar genießen. Aus Angst, andere könnten an unseren Erfahrungen teilhaben, verschließen wir uns ihnen gegenüber und isolieren uns selbst.

## 3.

Nähe und Distanz, Liebe und Aggression, Verstehen und Verständnislosigkeit, Sich-eins-fühlen und Einsamkeit gehören zusammen. Sie sind zwei Pole, die erst im Miteinander für den Menschen fruchtbar werden. Immer wenn jemand nur einen Pol leben möchte, geht er am Leben vorbei und verfällt der Täuschung und Illusion. Wer in der Freundschaft nur Einheit erleben möchte, drängt den Freund zu mehr Distanz. Er schafft in seinem Streben nach immerwährender Einheit gerade den Zwiespalt. Nur wenn ich die Spannung zwischen Einssein und Getrenntsein, zwischen Nähe und Distanz, zwischen Liebe und Aggression bewußt annehme, wird sie auf Dauer zu einer lebendigen Beziehung führen, zu einer Einheit auf höherer Ebene.

## 4.

Die wahre Freiheit zeigt sich darin, daß ich mich frei auf den andern einlassen und seine Wünsche erfüllen kann, ohne mich dabei zu verkaufen und zu verraten.

## 5.

Offenheit im Umgang mit andern Menschen meint auch Aufrichtigkeit und Freimut. Wer einem andern gegenüber offen seine Meinung sagt, bei dem weiß man, woran man ist. Solch offene Menschen sind ein Segen für uns. Sie werden nicht hintenherum über uns reden. In ihrer Nähe können wir uns auch öffnen. Denn ihre Aufrichtigkeit tut gut. Auch wenn sie uns Unangenehmes sagen, wissen wir, daß sie es gut mit uns meinen. Sie verstecken ihre Vorbehalte und Vorurteile nicht hinter einer freundlichen Fassade. Sie zeigen sich so, wie sie sind. Sie trauen sich, uns die Wahrheit zu sagen, weil sie sich frei fühlen. Sie sind nicht abhängig von unserer Zustimmung. Weil sie in sich selbst ruhen, können sie mit ihrer Aufrichtigkeit auch in Kauf nehmen, daß sich jemand von ihnen abwendet, der ihre Kritik nicht vertragen kann. Der Engel der Offenheit möge Dir solche Aufrichtigkeit und solchen Freimut schenken, daß Du in innerer Freiheit dem andern das sagen kannst, was Du in Deinem Herzen spürst.

## 6.

Ein wahrhaftiger Mensch zwingt uns, uns der Wahrheit des eigenen Herzens zu stellen. In der Nähe eines wahrhaftigen Menschen können wir uns nicht verstecken. Aber wir brauchen uns auch nicht zu verstecken, wir finden den Mut, unsere eigene Wahrheit zu zeigen.

## 7.

Sich-Verstehen heißt, daß keiner den andern für sich benutzt, sondern daß beide gut zueinander stehen, daß sie in guter Beziehung zueinander stehen. Das gelingt aber nur, wenn jeder für sich selbst gut stehen kann. Ich kann mich mit dem Freund nur dann gut verstehen, wenn ich mich selbst verstehe, wenn ich genügend Selbsterkenntnis gewonnen habe.

## 8.

Ein Grund für das Scheitern vieler Beziehungen sind die rigorosen Forderungen, die wir an den andern stellen. Wir erwarten, daß er mit sich zurechtkommt, daß er fehlerfrei ist, uns versteht, uns die Wünsche von den Lippen abliest, für uns sorgt und uns Heimat und Geborgenheit schenkt. Was wir in uns nicht haben, das erwarten wir vom andern. Aber damit überfordern wir ihn und zugleich unsere Beziehung. Nur wenn wir mit einem milden Blick auf die Schwächen des andern sehen, werden wir mit ihm leben können. Und nur wenn wir ein weites Herz haben, in dem der andere in seiner Eigenart Platz findet, wird ein Miteinander möglich sein.

## 9.

Bevor Du andere miteinander versöhnen willst, bevor Du den Streit schlichten kannst zwischen verfeindeten Gruppen in Deiner Nähe, mußt Du zuerst mit Dir selbst versöhnt sein. Und Du mußt in Versöhnung mit den Menschen in Deiner Nähe leben. Auch das bedeutet nicht, daß Du um den Preis der Einheit alle Deine Gefühle und Bedürfnisse unterdrücken sollst. Im Gegenteil, wenn Du um des Friedens willen Deinen Ärger unterdrückst, wirst Du nie wirklich versöhnt sein mit dem, über den Du Dich geärgert hast. Du mußt Deine Gefühle ernst nehmen. Und Du darfst Deine Gefühle nicht bewerten. Sie haben alle ihren Sinn.

## 10.

Wenn wir uns nur lebendig fühlen, wenn der andere in unserer Nähe ist, dann ist das gegen unsere Würde. Wir leben dann nicht aus uns heraus, sondern von der Gnade eines andern. Vom andern beschenkt zu werden, ist wunderschön. Aber sich unfähig zu fühlen, selbst zu leben, und immer nur danach Ausschau zu halten, daß der andere kommt, damit wir uns fühlen, das führt in eine totale Abhängigkeit. Und solche Abhängigkeit ärgert uns, weil sie uns unsere Würde nimmt. Allerdings braucht es auch viel Geduld mit uns und unsern Gefühlen. Denn solche Freiheit läßt sich nicht mit einem bloßen Willensentschluß erringen. Sie steht vielmehr am Ende eines langen Prozesses. In diesem Prozeß des Freiwerdens geht es darum, dankbar anzunehmen, was der andere uns schenkt, und es immer mehr in das eigene Leben zu integrieren. Dann werden wir uns mehr und mehr selbst spüren und die Qualitäten in uns erfahren, die der andere in uns hervorgelockt hat. Und je mehr wir uns selbst spüren und bei uns sind, desto freier sind wir.

## 11.

Ein Mensch, der mich versteht, ohne mich zu beurteilen oder gar zu verurteilen, hat eine heilende und befreiende Wirkung auf mich. Endlich kann ich einmal das sagen, was mich schon lange bedrängt, was ich aber immer hingehalten habe, weil ich mich dafür geschämt habe, weil es meinen moralischen Vorstellungen nicht entspricht. Und indem ich es vor dem andern offen ausspreche, verliert es seine vergiftende Wirkung. Da brauche ich nicht mehr meine ganze Energie, um das Unangenehme und Unaussprechliche zu verheimlichen. Es kommt aus dem Versteck ans Licht, und so kann es sich verwandeln.

## 12.

Wer mit sich im Einklang ist, der kann auch um sich herum Harmonie schaffen. Es ist aber keine künstliche Harmonie, die durch Harmonisieren entsteht, sondern durch Zusammenfügen aller Meinungen und Streitpunkte und aller Menschen, die die verschiedensten Standpunkte vertreten. Da wird nichts unter den Teppich gekehrt. Da werden die unterschiedlichen Standpunkte angeschaut und immer klarer formuliert. Da wird jede Meinung geachtet und nicht gleich bewertet. Da darf jeder mit seinem Standpunkt ertönen. Da wird offen miteinander diskutiert. Da werden die Probleme ausdiskutiert, bis sich alles zusammenfügt, bis alle eine Lösung akzeptieren können, mit der sie leben können, die ihnen die eigene Stimmigkeit nicht zerstört. Da wird nicht künstlich harmonisiert, sondern ein Weg gefunden, auf dem man trotz der kontroversen Standpunkte gemeinsam weitergehen kann.

## 13.

Lieben heißt nicht zuerst, liebevolle Gefühle zu haben. Lieben kommt von *liob*, gut. Es braucht zuerst den Glauben, das gute Sehen, um dann lieben, gut behandeln zu können. Liebe braucht erst eine neue Sichtweise. Bitte Deinen Engel der Liebe, daß er Dir neue Augen schenken möge, daß Du die Menschen um Dich und daß Du Dich selbst in einem neuen Licht sehen kannst, daß Du den guten Kern in Dir und den andern entdecken kannst.

## 14.

Gütig ist der Mensch, der es gut mit uns meint. Von einem gütigen Menschen strahlt Wärme aus. An seinem gütigen Blick und gütigen Worten spürt man, daß sein Herz gütig ist, daß das Gute in ihm die Oberhand gewonnen hat. Die Güte strahlt aus einer Seele, die in sich gut ist, die erfüllt ist von einem guten Geist, die mit sich im Einklang ist. Wer seine Seele als gut erfährt, der glaubt auch an das Gute im andern Menschen. Weil er das Gute im andern sieht, wird er ihn auch gut behandeln. Er lockt durch sein gütiges Verhalten den guten Kern im andern hervor.

## 15.

Gerade Menschen, die alles kontrollieren möchten, die ihre Gefühle, ihre Partnerschaft, ihre Worte und Handlungen kontrollieren, aus Angst, einen Fehler zu machen und sich eine Blöße zu geben, sind unfähig, sich hinzugeben. Ihnen fehlt ein wesentlicher Aspekt gelingenden Lebens. Wer sich nicht hingeben kann, bleibt letztlich immer allein mit sich. Er kann einem andern nicht begegnen. Ohne Hingabe kann man nicht lieben und ohne Hingabe nicht leben.

## 16.

Keiner von uns sieht den Mitmenschen objektiv. Zumeist sehen wir ihn durch die Brille unserer negativen Projektionen. Wir projizieren unsere Fehler in ihn hinein und legen ihn darauf fest. Wir merken gar nicht, wie wir ihn dadurch einengen und wie einseitig wir ihn sehen. Glauben meint, den andern mit guten Augen anschauen, mit Augen, die das Gute in ihm entdecken. Die Frage ist auch hier, welcher Blick dem andern eher gerecht wird und welcher Blick realistischer ist. Unsere negativen Projektionen sind nicht einfach aus der Luft gegriffen. Sie haben immer auch einen Anhaltspunkt im andern. Insofern sind sie ein Stück weit objektiv. Aber sie sehen den andern eben unter einem negativen Blickwinkel. Wenn wir ihn mit guten Augen anschauen, so heißt das nicht, daß wir das Negative in ihm übersehen. Wir sehen nur hindurch auf den guten Kern in ihm. Und dieser gute Kern ist in ihm auch objektiv da. Wir übersehen ihn nur oft genug.

## 17.

Die Liebe behandelt nicht nur gut, sie macht auch gut. Sie weckt das Gute, das der Glaube im Umdeuten der Wirklichkeit entdeckt hat, zum Leben. Die Liebe verwandelt die Wirklichkeit, sie formt sie gut, sie gestaltet das Gute in ihr aus. Der Glaube deutet um, die Liebe wandelt um.

## 18.

Es gibt bei jedem Menschen neben seinen Fehlern und Schwächen immer auch etwas, das man loben kann. Indem ich das Negative übergehe und das Positive ins Wort hebe, deute ich den andern um. Ich will ihn gar nicht ändern, sondern versuche, ihn anders zu sehen. Das ändert zumindest mich selbst. Und diese Änderung wird auch der andere wahrnehmen.

## 19.

Wie geschändet das Wort Liebe auch sein mag, im Grunde seines Herzens sehnt sich doch jeder nach Liebe. Er sehnt sich danach, von einem andern Menschen bedingungslos geliebt zu werden. Er freut sich, wenn er sich in einen andern verliebt, der seine Liebe erwidert. Dann blüht etwas in ihm auf. Sein Gesicht strahlt auf einmal Freude aus. Er weiß sich von einem Freund oder einer Freundin bedingungslos angenommen und geliebt. Die Liebe – so sagen uns die Märchen – kann versteinerte Menschen wieder zum Leben wecken. Sie kann aus Tieren wieder Menschen machen. Sie kann Menschen, die besetzt waren von einem Trieb – das meinen die Tiere in den Märchen –, die verzaubert waren von einer Hexe, von feindlichen Projektionen, wieder in wunderschöne Prinzen oder Prinzessinnen verwandeln, die liebenswert und begehrenswert sind, die glücklich sein und glücklich machen können.

## 20.

Wer zur Liebe geworden ist, der liebt alles um sich herum. Er begegnet jedem Menschen voller Liebe und lockt in ihm das Leben hervor. Er berührt jeden Grashalm mit Ehrfurcht und Liebe. Er weiß um die Vorstellung des Talmud, daß Gott jedem Grashalm einen Engel beigegeben hat, damit er wachse. Er betrachtet die untergehende Sonne voller Liebe. Er fühlt sich von Gott geliebt, so daß Seine Liebe durch ihn hindurchströmt. Alles, was er tut, ist von dieser Liebe geprägt. Seine Arbeit geschieht aus Liebe. Wenn er singt, singt er, weil er liebt, weil seine Liebe sich einen Ausdruck sucht. Seit jeher spricht man gerade im Zusammenhang mit der Liebe vom Engel der Liebe. Zu dem, der mich liebt, sage ich: Du bist ein Engel. Wenn ich Liebe erfahren darf, habe ich das Gefühl, daß ein Engel in mein Leben getreten ist.

## 21.

Viele Freundschaften und Ehen scheitern heute, weil jeder an sich selbst festhält, weil jeder Angst hat, sich zu überlassen. Es ist die Angst, daß man seine Freiheit verliert, daß der andere mit einem machen könnte, was er will, daß man seiner Willkür und letztlich seiner Bosheit ausgeliefert wird. Aber ohne dieses Sich-Überlassen kann keine Beziehung gelingen. Denn dann würde jeder nur voller Angst darauf schauen, sich und seine Emotionen, seine Worte und Handlungen zu kontrollieren und sich ja nicht in die Hände eines anderen zu geben. Aber dann kann auch kein Vertrauen wachsen, dann kann der andere gar nicht zeigen, daß er gut mit mir umgehen wird, daß er mein Vertrauen nicht mißbrauchen wird. Sich-Überlassen heißt nicht, daß ich mich selbst aufgebe. Ich kann mich nur überlassen, wenn ich mit mir in Berührung bin, wenn ich weiß, wer ich bin. Aber zugleich liegt in diesem Sich-Überlassen immer ein Risiko. Ich springe aus der Sicherheit, die mir das Festhalten an mir schenkt, heraus und überlasse mich der Hand des andern. Das kann nur gelingen, wenn ich weiß, daß der andere kein Teufel ist, sondern ein Engel, der mich mit seinen Händen auffängt und trägt, der es gut mit mir meint.

## 22.

Im deutschen Wort zart klingt mit: lieb, geliebt, wert, vertraut, leiblich, fein, schön, weich. Du kannst nur zärtlich mit einem Menschen umgehen, wenn Du ihn liebgewonnen hast. Dann wirst Du nicht in ihn dringen, ihn nicht brutal kritisieren oder anfassen. Du wirst ihn nicht zwingen, alle seine Geheimnisse preiszugeben. Du näherst Dich ihm auf zärtliche und behutsame Weise. Zärtlich kann Dein Sprechen sein, Dein Umgang mit andern. In so einer zärtlichen Atmosphäre, in der sich der andere geachtet und kostbar fühlt, in der er seine eigene Schönheit entdeckt, da drückt sich die Zärtlichkeit dann auch in Zärtlichkeiten aus, in einer zärtlichen Berührung, in zärtlichem Streicheln oder in einem zärtlichen Kuß. In solcher Zärtlichkeit strömt Liebe zwischen den Menschen, eine Liebe, die nicht festhält, die keine Besitzansprüche fordert, eine Liebe, die losläßt, die achtet, die ein Gespür hat für das Geheimnis des andern.

## 23.

Wer einen andern Menschen liebt, der gibt sich ihm hin. Er möchte gar nicht ganz bei sich bleiben. Er möchte beim andern sein. Er möchte sich ihm hingeben, weil er ihm alles bedeutet. Solche Hingabe ermöglicht die Erfahrung eines neuen Reichtums. Wer sich an den geliebten Menschen hingibt, wird von seiner Liebe so sehr beschenkt, daß er sich reicher und lebendiger und freier fühlt als zuvor.

## 24.

Wenn ein froher Mensch zu uns kommt, sagen wir: „Jetzt geht die Sonne auf." Es gibt Sonnenkinder, die überall Fröhlichkeit und Lebendigkeit verbreiten. Ich wünsche Dir, daß Du für andere zur Sonne wirst. Vielleicht hast Du schon einmal erfahren, daß man zu Dir sagte: „Du strahlst heute wie die Sonne. Wenn Du den Raum betrittst, dann wird er heller und wärmer. Dann ist die Sonne unter uns mit ihrer Heiterkeit und Strahlkraft. Dann geht es uns besser.

## 25.

Es braucht das Lächeln eines Kindes, um Dich selbst annehmen und lieben zu können, den feinen Humor eines Menschen, der in seinem Herzen noch Kind geblieben ist. Wer sich zu ernst nimmt, der muß sich entweder groß machen und als wichtige Persönlichkeit gebärden, oder aber er verachtet sich selbst und macht sich kleiner, als er in Wirklichkeit ist. Dich selbst lieben heißt, Dich so lieben, wie Du geworden bist.

## 26.

Die Freiheit von den Erwartungen der andern und die Freiheit vom Kreisen um sich selbst ist die Voraussetzung für die Liebe. Nur wer von sich frei geworden ist, kann sich für andere selbstlos einsetzen. Er wird in sein Engagement nicht egoistische Motive hineinmischen, wie wir es oft genug tun. Er wird frei davon sein, in seinem Einsatz an den eigenen Ruf zu denken, an das Lob und die Anerkennung durch die Menschen.

## ꟷ 27. ꟷ

Ich weiß, daß ich andere brauche, um meinen Weg zu gehen. Ich lasse mich auf sie ein, lasse sie aber auch wieder los, ohne mich an sie zu klammern. Diese Spannung von Freiheit und Bindung, von Freisein und Sicheinlassen auf andere gehört wesentlich zum Menschen. Nur wer frei ist, kann sich binden. Wer abhängig ist, braucht den andern für sich. Und wenn wir einen Menschen brauchen, benutzen wir ihn und verletzen damit seine Würde.

## 28.

Liebe verschließt die Augen nicht vor der Wirklichkeit, aber sie überspringt die Ebene, auf der man sich gegenseitig reibt. Sie sieht durch das Sichtbare hindurch auf das Unsichtbare im andern, auf seine gute Absicht, auf seinen guten Kern, auf seine positiven Möglichkeiten. Und sie behandelt ihn von dieser Ebene aus. Dadurch relativieren sich viele Reibereien. Sie werden nicht mehr so schrecklich wichtig. Sie werden nicht verleugnet und verdrängt, sondern angenommen und verwandelt.

## 29.

Die echte Liebe stellt keine Bedingungen an die andern. Sie nimmt sie, wie sie sind. Sie konstatiert ganz nüchtern, was in ihnen ist: Unzufriedenheit, Aggressivität, Machtstreben, Suche nach Anerkennung, Intrige, aber eben auch Sehnsucht nach dem Guten. Die Liebe macht sich nichts vor, sie verwandelt das Faktische. Sie weckt das Gute im kranken und kaputten Menschen. Die Liebe hat keine Angst vor Konflikten. Denn sie übersteigt die Ebene des Konfliktes. Sie fragt auch in einem Konflikt, was dem andern wirklich gut tut. Indem die Liebe die Ebene übersteigt, beißt sie sich in einem Konflikt nicht an den Emotionen fest, sondern bleibt konsequent in der Suche nach der echten Lösung.

## 30.

Nur wenn Du Dein eigenes Geheimnis und das Geheimnis Deines Ehepartners und Deiner Kinder im Herzen bewegst, kannst Du Dich in Deiner Familie daheim fühlen, trotz aller Fremdheit und Distanz. Daheim sein kann man nur, wo das Geheimnis wohnt.

## 31.

Halte Deinem Engel der Liebe alles hin, was in Dir ist, auch die Wut und den Ärger, auch die Eifersucht und die Angst, auch die Unlust und Enttäuschung. Denn alles in Dir möchte von der Liebe verwandelt werden.

# JUNI

## 1.

Mark Twain meint, die Geschäftigkeit unserer Zeit sei Ausdruck der Ziel- und Orientierungslosigkeit: „Als sie das Ziel aus den Augen verloren, verdoppelten sie ihre Anstrengung." Wer ein Ziel vor Augen hat, der geht konsequent darauf zu, ohne sich ständig anzutreiben. Wer das Ziel nicht mehr kennt, der versucht, seine innere Leere mit Aktivismus auszufüllen. Er kommt sich wichtig vor, weil er soviel zu tun hat. Er will sich beweisen, daß sein Leben sinnvoll ist. Er ist doch ständig mit Wichtigem beschäftigt. Doch wenn er es genauer anschaut, ist es oft Luft, mit der er sich beschäftigt. Mit seiner Beschäftigung möchte er nur die Leere überdecken, die hinter seiner Hektik als gefährlicher Abgrund lauert. Paul Virilio hat diese Erfahrung in die Worte gekleidet: „Die Geschwindigkeit ruft die Leere hervor, die Leere treibt zur Eile." Je geschäftiger einer ist, desto mehr entsteht in ihm eine Leere. Und diese Leere versucht er wiederum, mit hektischer Betriebsamkeit zu füllen. So entsteht ein Teufelskreis, aus dem er nicht mehr ausbrechen kann.

## 2.

Wir stehen innerlich ohne Unterlaß auf der Bühne und überlegen uns, was wir wohl tun und sagen müßten, damit wir gebührend beklatscht werden. Die Ruhmsucht ist gepaart mit einer ständigen Angst vor der Meinung der andern. Wir haben Angst, den Erwartungen unserer Umgebung nicht gerecht zu werden. Wir überlegen ängstlich, ob die andern wohl unsere Fehler und Schwächen entdecken. Wir können nicht mit innerer Ruhe in eine Gesellschaft gehen. Wir setzen uns selbst unter Druck, daß wir auch eine gute Figur machen, daß wir von allen gesehen werden. Wir sind von außen gesteuert. Und solange wir in der Hand der anderen sind, sind wir immer hin und her gerissen, leben wir nie aus unserer eigenen Mitte.

## ꙳ 3. ꙳

Es ist wie ein Zwang, unter dem viele Menschen stehen. Sie können das, was sie haben, nicht genießen. Weil sie die Mitte verloren haben, weil sie ihr Maß vergessen haben, können sie sich nur an den andern messen. Sie müssen besser abschneiden als die andern. So werden sie von den Bedürfnissen der anderen bestimmt, anstatt das Maß anzunehmen, das für sie stimmt. Nur wer maßvoll ist, kann auch Ruhe finden. Nur wer sein Maß kennt, kann auch nein sagen zu den Bedürfnissen, die man ihm aufdrängt.

## ꙳ 4. ꙳

Ein Grundgefühl unserer Zeit scheint mir die Zerrissenheit zu sein. Viele Menschen fühlen sich innerlich zerrissen. Sie haben den Eindruck, hin- und hergezerrt zu werden von den vielen Erwartungen, die an sie gestellt werden, im Beruf, in der Familie, in der Pfarrei, in der politischen Gemeinde. Sie wissen oft nicht, welche Rolle sie spielen. So häufig wechseln sie die Rolle, daß sie gar nicht mehr spüren, wer sie eigentlich sind.

Sie kommen innerlich nicht mehr zur Ruhe. Wenn sie abends von der Arbeit kommen, können sie nicht abschalten. Die Unruhe verfolgt sie bis in den Schlaf. In ihrer Rastlosigkeit sind sie nicht bei sich selbst. Sie sind nicht in Berührung mit ihrem eigentlichen Selbst. Sie werden von einem Termin zum andern getrieben. Ihre Seele kommt nicht mehr nach. Sie ist nicht dort, wo der Leib sein muß, um die vielen Verpflichtungen zu erfüllen.

Eine alte Mönchsgeschichte hat diese Zerrissenheit im Blick:

„Altvater Poimen bat den Altvater Joseph: Sage mir, wie ich Mönch werde. Er antwortete: Wenn du Ruhe finden willst, hier und dort, dann sprich bei jeder Handlung: Ich – wer bin ich? Und richte niemand!“

### 5.

Poimens Frage heißt eigentlich: „Wie kann ich ganz sein?" Wie kann ich ganz bei dem sein, was ich tue? Wie kann ich als ganzer Mensch leben, der immer und überall mit sich selbst eins ist? Wie finde ich bei dem vielen, das ich tue und das mich oft genug zerreißt, zu meiner Ganzheit? Neben dieser Frage, die über die vielen Rollen, die ich spiele, und über die Masken, die ich trage, auf mein wahres Selbst zielt, verlangt Poimen noch, daß der junge Mann niemanden richten soll. Wenn ich richte, bin ich nicht bei mir, sondern beim andern. Durch das Urteilen über andere lenke ich von mir selber ab. Poimen will den Fragesteller dazu bringen, bei sich zu bleiben. Nur so wird er herausfinden, wer er im Grunde wirklich ist. Nur so wird er zu seiner Einheit, zu seiner Ganzheit finden.

### 6.

Ob bewußt oder unbewußt, wir glauben doch irgendwie, daß wir unsere Daseinsberechtigung verdienen müssen, daß wir sowohl vor Gott etwas leisten müssen, um vor ihm bestehen zu können, als auch vor den Menschen, um bei ihnen beliebt zu sein. Das kann der Zwang des Perfektionismus sein, der uns dazu treibt, jeden Fehler zu vermeiden.

## 7.

Viele klagen nur, daß sie nie zur Ruhe kommen. Aber sie fragen nicht nach den Ursachen. Sie möchten die Unruhe in Griff bekommen und kämpfen frontal gegen sie. Aber dann werden sie sie nie überwinden. Denn wenn ich etwas im Griff habe, bin ich ja nicht ruhig, sondern angespannt. Man kann es ja einmal ausprobieren, wie man sich fühlt, wenn man die ganze Zeit die Faust ballt, als Bild dafür, daß ich etwas im Griff haben möchte. Dann verkrampfe ich mich. Es kann nichts mehr fließen. Ich komme nicht zur Ruhe. Ich muß krampfhaft etwas festhalten, weil es mir sonst wieder entwischt. Das ist dann keine Ruhe, sondern ein Erstarren, das zugleich ein ängstliches Starren wird auf das, was jederzeit wieder losbrechen und mich beunruhigen kann.

## 8.

Habgier läßt einen nie zur Ruhe kommen. Man kann sich nicht an dem freuen, was man hat, sondern schaut ständig nach dem aus, was man noch brauchen könnte. Tagelang treibt es einen um, ob man nicht das oder jenes kaufen sollte. Doch sobald man es gekauft hat, kann man sich gar nicht mehr darüber freuen. Da geht schon das nächste Bedürfnis an, das einen wieder nicht in Ruhe läßt, bis man es durch Kaufen erfüllt hat. Manche werden regelrecht von einer Kaufsucht getrieben. Etwas zu besitzen ist durchaus nichts Schlechtes. Die Sehnsucht nach Besitz entspringt letztlich der Sehnsucht, in Ruhe und Sicherheit leben zu können. Besitz ist die Verheißung von Ruhe. Aber viele werden von ihrem Besitz besessen. Sie werden dazu getrieben, immer mehr zu besitzen. Weil sie in sich nicht genügend Reichtum haben, suchen sie den Reichtum von außen.

## 9.

Das Gefühl, gelebt zu werden, von andern getrieben und bestimmt zu werden, macht uns unzufrieden. Die Liebe zu uns selbst würde darin bestehen, gut mit unserer Zeit und mit ihren Herausforderungen umzugehen und das, was uns von außen vorgegeben ist, zu unserem Eigenen zu verwandeln. Wenn wir den Eindruck haben, von andern bestimmt zu werden, von Terminen gejagt zu werden, dann erleben wir das als Entfremdung. Etwas Fremdes beherrscht unser Leben. Die Liebe sollte das Fremde in Eigenes umwandeln.

## 10.

Die Sorge treibt uns an, zu arbeiten, den Lebensunterhalt zu verdienen, die Zukunft abzusichern, den Besitz zu mehren, damit wir endlich einmal ruhig und sicher leben können.

Jesus versteht den Menschen anders. Der Mensch ist nicht zuerst einer, der sich sorgt, sondern einer, der vertraut, der sich im Vertrauen zum Vater, der für ihn sorgt, aufgehoben weiß.

In der Bergpredigt fordert Jesus seine Jünger auf, sich nicht zu sorgen: „Sorgt euch nicht um euer Leben und darum, daß ihr etwas zu essen habt, noch um euren Leib und darum, daß ihr etwas anzuziehen habt ... Wer von euch kann mit all seiner Sorge sein Leben auch nur um eine kleine Zeitspanne verlängern?“

## 11.

Ein Bild für den Heiligen Geist ist das Feuer, die Glut. Der Geist läßt sich in Feuerzungen auf die Jünger nieder. Feuer ist Symbol für die Lebendigkeit. Wenn wir von einem Menschen sagen, in ihm brenne ein Feuer, so meinen wir, er sei lebendig, voller Kraft, aus seinen Augen funkelt es, da geht etwas von ihm aus: Leben, Liebe, Freude. Pfingsten ist das Fest unserer eigenen Lebendigkeit. Wir sehnen uns danach, wirklich lebendig zu sein, wirklich lieben zu können. Oft genug fühlen wir uns ausgebrannt, leer, langweilig, ohne Gefühle, ohne Schwung. Und wir fühlen, daß wir in uns nicht genügend Kraft haben, die uns antreibt. Wenn wir diese Erfahrung zulassen, spüren wir auch in uns eine Sehnsucht nach einer Lebensquelle, die nicht versiegt, nach einer Kraft, die nicht erlahmt, und nach einer Glut, die nicht ausgeht. Wir ahnen darin schon, daß es doch so etwas wie den Heiligen Geist geben müsse, einen Geist, der von Gott kommt und doch in uns ist, der teilhat an der Fülle des Lebens und uns davon mitteilt.

## 12.

„Nichts haben, alles besitzen“, so läßt sich die Haltung von Weisen aus allen Religionen, zu allen Zeiten, beschreiben. Nur wer sein Herz an nichts Geschaffenes hängt, wer loslassen kann, woran andere hängen, der ist wirklich frei.

## ꝏ 13. ꝏ

Weil wir in unserer Arbeit ständig unserer Identität und unserer Selbstbestätigung nachlaufen, überfordert sie uns. Wenn wir sie einfach täten als unsere Aufgabe, als Arbeit um des Dienstes willen, nicht um unserer Anerkennung willen, dann wären wir weniger verkrampft und verbissen und würden genauso viel oder gar mehr und effektiver arbeiten können. Wir wollen zuviel erreichen mit unserer Arbeit, was gar nicht im Sinn der Arbeit liegt: Wir wollen die Anerkennung durch die anderen, wir wollen gelobt und beachtet werden, wir wollen uns selbst beweisen, daß wir etwas können, daß unsere Arbeit etwas wert ist. Diese Nebenabsichten verschlingen viel Energie.

## 14.

Ein Altvater wurde einmal gefragt, warum er nie Angst habe. Er gab zur Antwort: „Weil ich täglich an meinen Tod denke." Der Gedanke an den Tod nahm ihm die Angst vor der Bedrohung durch andere, vor der Vernichtung durch Krankheit oder Unfall, und vor Versagen und Abgelehntwerden. Die Angst, die heute soviele umtreibt, hat letztlich immer auch mit dem Tod zu tun. Wir haben Angst, daß uns liebe Menschen entrissen werden. Wir haben Angst, krank zu werden und zu sterben. Wir haben Angst, zu versagen und den Erwartungen der andern nicht gerecht zu werden. Wir haben Angst, uns zu blamieren und dann von andern abgelehnt zu werden. Wenn ich mir den Tod vor Augen halte, ist es mir nicht mehr so wichtig, was die andern von mir denken. Da interessiert es mich nicht mehr, ob ich nun Erfolg habe oder nicht. Vor dem Tod verblaßt der Ehrgeiz, etwas Großes zu leisten.

## 15.

Ängstliches Sorgen verdunkelt den Geist. Ich werde zwar für meine Zukunft sorgen. Aber ich werde nicht vernünftig handeln. Die Angst wird mich zu unsinnigen Ausgaben und Absicherungen treiben. Jesus will uns von der ängstlichen Sorge befreien, damit wir vernünftig die Verantwortung für uns und unsere Familie wahrnehmen. Die Kunst besteht darin, für die Zukunft zu sorgen und zugleich die Sorge wieder loszulassen. Ich soll das tun, was in meiner Hand ist, und mich dann vertrauensvoll Gott überlassen.

## 16.

Verbindlichkeit ist kein Gegensatz zur Offenheit. Es sind zwei Pole, die wir beide brauchen, um angemessen leben zu können. Aber wenn ein Pol ausgeklammert wird, verlieren wir unser Gleichgewicht. Wenn ich immer nur offen bleiben möchte für Neues, werde ich nie durch eine Türe hindurchgehen. Und irgendwann werde ich vor lauter verschlossenen Türen stehen. Wenn ich mich nur mit Verpflichtungen eindecke, werde ich daran ersticken. Ich brauche beides: die Verbindlichkeit und die Freiheit, etwas Neues zu beginnen, wenn es wirklich ansteht. Aber wer aus lauter Angst vor der Beengung jeder Verbindlichkeit aus dem Weg geht, der wird nie wachsen. Vor allem aber können wir als Gemeinschaft nicht überleben, wenn sich Menschen nicht mehr verpflichten lassen.

## 17.

Wie ich meinen Tag mit seinen Herausforderungen ansehe, das ist meine Entscheidung. Ich kann deuten, daß mich alles, was auf mich zukommt, überfordert, daß ich keine Lust dazu habe, daß alles so sinnlos sei, daß mich ja sowieso keiner beachtet usw. Diese Sehweise wird mir die Arbeit wirklich zur Last werden lassen. Ich werde mich überfordert fühlen. Ich werde schnell müde. Der Körper wird gestreßt, verspannt. Und ein Arzt wird von den körperlichen Symptomen her Überforderung feststellen können. Aber es lag nicht an den Fakten, sondern an meiner Einstellung. Wenn ich meinen Tag als Herausforderung von Gott her sehe, als das, was mir Gott zutraut, worin er mich aber auch begleitet, als Chance, eine gute Atmosphäre um mich her zu verbreiten, andern in meiner Arbeit zu helfen, mich darauf zu freuen, mich auf etwas einzulassen, dann werde ich nicht nur mit einer positiven Stimmung arbeiten, sondern die Arbeit wird mich auch nicht so leicht ermüden. Ich werde mit Phantasie an meine Arbeit herangehen und kreativ mit ihr umgehen. Ich werde auch an einer eintönigen Arbeit immer wieder neue Möglichkeiten entdecken und Neues schaffen können.

## 18.

Wenn unser Alltag nur von funktionalen Beziehungen gefüllt ist, werden wir daran krank. Dann wird unser geistliches Leben nur noch funktionieren, aber nichts mehr ausstrahlen von der Güte und Menschenfreundlichkeit Gottes. Damit unser geistliches Leben gesund und lebendig bleibt, brauchen wir gute menschliche Beziehungen, warmherzige und spielerische, in denen wir Zeit für den andern verschwenden. Eine echte Freundschaft befruchtet auch das geistliche Leben.

## 19.

Die Liebe, die den andern gelten läßt, ist weniger anstrengend als der ständige Druck, über den andern siegen zu müssen. Indem ich die Ebene von Sieg und Niederlage überspringe, entziehe ich mich dem ständigen Kampf, mich behaupten zu müssen. Und auf einmal entdecke ich viel positive Möglichkeiten, mit dem andern umzugehen. Ich kann mich an seinem Wert freuen. Das schmälert nicht meinen Wert, sondern gibt mir im Gegenteil Anteil an seinem Reichtum. Es braucht nur viel Phantasie, die Ebene von Sieg und Niederlage zu überspringen und so eine Lösung zweiter Ordnung zu erreichen. Im Wesen der Liebe liegt es ja, sich von Intuitionen leiten zu lassen, phantasievolle Lösungen auszudenken, neue Wege und Möglichkeiten zu entdecken. Die Liebe macht erfinderisch. Manchmal ist sie auch ein bißchen verrückt. Aber ihre verrückten Lösungen sind menschlicher als das endlose Spiel auf der Ebene von Sieg und Niederlage.

## 20.

Wir machen uns Sorgen, ob das Geld reicht, was wir mit ihm alles anfangen könnten. Und wir spüren, daß es nie genug ist, daß wir aus dem Teufelskreis des Immer-noch-mehr-Brauchens nicht herauskommen. Es sind unsere Gedanken, in denen sich dieser Teufelskreis in unserem Bewußtsein äußert. Die Wurzel liegt tiefer. Es ist ein ungeborener Trieb, der ja auch seine Berechtigung hat, damit wir verantwortlich leben können, der aber oft über sein Maß schießt. Die Überprüfung der Gedanken und Einreden könnte uns zeigen, wieweit bei uns der Wunsch nach Besitz und der Wunsch nach Anerkennung, der damit eng verbunden ist, übertrieben ist und uns innerlich unruhig und unzufrieden macht.

## ☙ 21. ❧

Der Kluge denkt nicht allein mit dem Verstand, sondern mit dem Herzen. Er ergreift beherzt die Gelegenheit, die sich ihm bietet. Und er sieht die feinen Unterschiede, die manchem groben Geist verborgen bleiben. Klugheit ist die praktische Vernunft, die das Wissen umsetzt in ein Tun, das der Wirklichkeit angemessen ist. So hilft das Vielwissen wenig, wenn Du nicht erkennst, was jetzt in diesem Augenblick richtig ist.

## ☙ 22. ❧

Das Objekt der Arbeit ist mir zwar vorgegeben. Daran kann ich nichts ändern. Aber das Wie ist meine Sache. Und indem ich das Wie selbst in die Hand nehme, verwandle ich auch das Was. Ein Stein, den ich behaue, wird zum Ausdruck meines Innern. Die Arbeit, die mir vorgegeben ist, ist so ein Stein, den ich durch meine Art, die Arbeit zu gestalten, zum Ausdruck meines Innern umformen kann. Die Liebe gestaltet und formt das Vorgegebene um und verwandelt es zu einem Teil meiner Person.

## ꕤ 23. ꕤ

Wer Kinder zu erziehen hat, der weiß, wieviel ein lobendes Wort bewirken kann. Wenn ich im Lob das Gute am andern benenne, wecke ich es zum Leben, ich locke das Gute in ihm hervor. Das Lob vergißt nicht, daß im andern auch negative Seiten sind, die keineswegs gelobt werden können. Aber das Loben spricht bewußt das Gute an. Es hebt das Gute ins Wort und damit zum Leben. Denn auch hier gilt, was ausgesprochen wird, wird wirksam. Das Aussprechen schafft etwas von dem, was ausgesprochen wird.

## ꕤ 24. ꕤ

Bei allem, was wir tun, deuten wir auch unser Tun. Wir sind nicht einfach nur mit der Arbeit beschäftigt, sondern wir kommentieren auch das, was wir tun. Und dieser Kommentar, den wir zu allem geben, beeinflußt unsere Stimmung. Der Kommentar, den wir zu unserer Arbeit geben, ist abhängig von unserer Stimmung, aber er kann auch unsere Stimmung prägen. Wenn wir unser Leben negativ kommentieren, werden wir auch schlecht gelaunt sein. Und umgekehrt, wenn wir der Arbeit gute Seiten abgewinnen, wird sie uns auch Freude machen.

Es ist unsere Entscheidung, wie wir unser Leben kommentieren.

## 25.

Die Arbeit wird selbst zum Gebet, wenn ich sie in der Gegenwart Gottes verrichte. Wenn ich in der Gegenwart Gottes arbeite, dann antworte ich Gott mit meinem Tun, ich kann mich dann ganz auf die Arbeit einlassen, ohne in meinem Kopf gespalten zu sein. Denn das Sicheinlassen auf die Arbeit geschieht im Gehorsam Gott gegenüber und als Antwort auf seine Gegenwart. Auch hier prägt die Gegenwart Gottes meine Art zu arbeiten. Wer hastig und fahrig arbeitet, wer alles auf einmal erledigen will, der fällt ständig aus der Gegenwart Gottes heraus. In der Gegenwart Gottes arbeiten verlangt, daß ich mit innerer Ruhe und ohne Hast arbeite, aus der eigenen Mitte heraus, gesammelt, mich ganz auf die Arbeit einlassend.

## 26.

Viele Menschen vergewaltigen ihren eigenen Biorhythmus. Eine gesunde Ordnung des Tages hat auch eine therapeutische Wirkung auf uns. Und sie macht uns im Grunde auch leistungsfähiger. Wir richten die Stunden für Gebet und Arbeit so ein, daß sie unserem natürlichen Rhythmus entsprechen. Dann müssen wir uns nicht immer wieder zu etwas zwingen, was unserem Wesen widerspricht. Wer sich über lange Zeit auf eine gesunde Tagesordnung einläßt, kann erfahren, wie sie Leib und Seele in gleicher Weise gut tut. Das benediktinische ora et labora meint letztlich, daß ein gesundes geistliches Leben nicht ohne gesunden Lebensstil möglich ist.

## 27.

Der gesunde Lebensstil bezieht sich auf die richtige Einteilung der Zeit, aber auch auf die Art, wie wir die wesentlichen Dinge unseres Tages tun. Er bezieht sich z. B. auf die Körperhaltung bei der Arbeit. Sind wir da verkrampft, oder haben wir ein Gespür für unsere Mitte, aus der heraus wir dann arbeiten? Welche Gedanken und Gefühle begleiten uns bei der Arbeit? Lassen wir ihnen freien Lauf oder beeinflussen wir sie bewußt positiv? Sind wir auch bei der Arbeit mit Gott verbunden oder sind wir irgendwo mit unserem Herzen? Sind wir gegenwärtig, ganz im Augenblick oder zerstreut, ausgegossen?

## 28.

Ein Weg, von der Unruhe zur Ruhe zu kommen, besteht darin, alles, was ist, bewußt wahrzunehmen und in jedem Augenblick achtsam zu leben. Ich kämpfe dann nicht gegen meine Unruhe, sondern ich nehme sie bewußt wahr, ich achte darauf, was sich in der Unruhe in mir abspielt. Dieses behutsame Achtgeben verwandelt schon meine Unruhe. Ich lasse die Unruhe sein, anstatt gegen sie anzukämpfen. Dann ist sie noch da, aber sie hat mich nicht mehr im Griff. Ich schaue sie an. Sie darf sein. Aber sie bestimmt mich nicht mehr. Der Punkt in mir, der die Unruhe anschaut, ist selbst nicht mehr von ihr infiziert. Ich freunde mich mit meiner Unruhe an. Das beruhigt sie mehr, als wenn ich sie mit Gewalt bekämpfe. Ich achte darauf, wie sich die Unruhe äußert, in meinen Gedanken, in meinem Leib. Ich beobachte, wie sie aufsteigt, wie sie stärker wird und wie sie wieder verebbt. Ich nehme meine Unruhe bewußt wahr, ohne von ihr bestimmt zu werden. Mitten in der Unruhe bin ich auf diese Weise doch ruhig.

## 29.

Schon das Achten auf den Atem lenkt das Bewußtsein nach innen und erzeugt Ruhe. Solange wir im Kopf bleiben, sind wir immer unruhig. Denn der Kopf läßt sich nicht so leicht beruhigen. Da schwirren die Gedanken immer hin und her. Im Ausatmen können wir uns vorstellen, wie wir all die Gedanken, die immer wieder hochkommen, einfach abfließen lassen. Wenn wir das eine Zeitlang tun, werden wir innerlich ruhig.

## 30.

Die Ruhe beginnt bei der Seele. Zuerst muß das Innere in uns zur Ruhe kommen. Dann wird sich die Ruhe auch im Leib auswirken. Wenn das Herz ruhig geworden ist, dann werden wir auch unser Tun in aller Ruhe vollziehen, dann werden unsere Bewegungen aus der inneren Ruhe herausfließen, dann haben wir teil an der schöpferischen Ruhe Gottes.

# Juli

## ꕤ 1. ꕤ

„Die Eile hat der Teufel erfunden“, das weiß ein türkisches Sprichwort. Wir sprechen von „himmlischer Ruhe“. Nicht nur die Nerven vieler Zeitgenossen liegen blank unter dem ständigen Streß. Auch unsere Seelen nehmen Schaden und leiden unter der Hektik, unter dem „gnadenlosen“ Druck einer Ökonomisierung der Zeit. Wenn immer alles schneller gehen muß, wenn man im Arbeitsablauf jede Minute einsparen möchte, wenn es keine Pausen mehr geben darf, wenn alles immer noch mehr beschleunigt wird, dann braucht es das Gegengewicht: die Entdeckung der Langsamkeit. Dann gibt es auch viel wiederzuentdecken durch Langsamkeit und Ruhe. Statt Beschleunigung täte uns Entschleunigung not.

## ꕤ 2. ꕤ

„Es war einmal ein Mann, den verstimmte der Anblick seines eigenen Schattens so sehr, der war so unglücklich über seine eigenen Schritte, daß er beschloß, sie hinter sich zu lassen. Er sagte zu sich: Ich laufe ihnen einfach davon. So stand er auf und lief davon. Aber jedesmal, wenn er seinen Fuß aufsetzte, hatte er wieder einen Schritt getan, und sein Schatten folgte ihm mühelos. Er sagte zu sich: Ich muß schneller laufen. Also lief er schneller und schneller, lief so lange, bis er tot zu Boden sank. Wäre er einfach in den Schatten eines Baumes getreten, so wäre er seinen eigenen Schatten losgeworden, und hätte er sich hingesetzt, so hätte es keine Schritte mehr gegeben. Aber darauf kam er nicht.“

Auf die Idee, sich einfach in den Schatten eines Baumes zu setzen, kommen viele Menschen heute nicht. Sie laufen lieber vor sich davon wie der Mann in der Geschichte, die uns Dschuang Dse überliefert hat. Doch wer vor seinem Schatten davonläuft, der läuft sich zu Tode. Er kommt nie zur Ruhe.

## 3.

Manche kommen nie zur Ruhe, weil sie letztlich Angst davor haben, einmal nichts zu tun. Sie haben Angst, in der Stille und in der Ruhe mit der eigenen Wahrheit konfrontiert zu werden. Wenn ich nichts habe, an dem ich mich festhalten kann, dann könnte ja die ganze Enttäuschung über mein Leben hochkommen, dann könnte ich ja entdecken, daß mein Leben gar nicht mehr stimmt, daß mein ganzer Einsatz für die andern in der Luft hängt. Ich mache nur so weiter, um meiner Verzweiflung aus dem Weg zu gehen. Aber eigentlich glaube ich nicht mehr daran, daß das, was ich tue und was ich lebe, noch einen Sinn habe. Alles ist leer. Vor dieser Leere laufe ich davon. Oder mein Gewissen könnte sich zu Wort melden. Schuldgefühle könnten aufsteigen. Davor habe ich Angst. So laufe ich vor der Stille und vor der Ruhe davon. Das Schlimmste, das mir passieren könnte, wäre einmal der eigenen Wahrheit begegnen zu müssen. Weil ich das unter allen Umständen vermeiden möchte, muß ich immer etwas tun, mich immer mit etwas beschäftigen. So wird auch die freie Zeit zum Streß. Ich stopfe die Leere auch in der Freizeit zu mit unzähligen Aktivitäten. Solche Menschen, die ihrer Wahrheit ausweichen, sind ständig auf der Flucht vor sich selbst. Und dann klagen sie darüber, daß sie so gestreßt sind. Sie machen sich den Streß selbst. Sie können nicht zur Ruhe kommen, weil sie es im Grunde ihres Herzens gar nicht wollen, weil eine tiefsitzende Angst sie ständig herumtreibt.

## 4.

Viele sind Sklaven ihrer eigenen Betriebsamkeit geworden. Es muß immer etwas los sein. Das Schlimmste, das ihnen passieren kann, wäre, daß nichts los ist, daß sie nichts hätten, womit sie sich gegen die aufkommende Wahrheit wehren könnten.

Frei werden wir erst, wenn wir uns der eigenen Wahrheit stellen. Natürlich ist das anfangs schmerzlich. Wir werden erkennen, was wir alles verdrängt haben, wo wir die Augen verschlossen haben, weil die Wirklichkeit nicht so ist, wie wir sie gerne sehen möchten. Wir können uns der eigenen Wahrheit nur dann ohne Angst stellen, wenn wir daran glauben, daß alles, was in uns ist, von Gottes Liebe umfangen ist.

## 5.

Wir sind nicht zufrieden mit dem, was wir gerade leben. Aber zugleich haben wir Angst, aufzubrechen, das Vertraute abzubrechen und einen inneren und äußeren Umbruch zu wagen. Aber das Leben werden wir nur erfahren, wenn wir bereit sind, uns immer wieder auf den Weg zu machen.

## ꙮ 6. ꙮ

Das deutsche Wort „Abenteuer“ kommt von advenire, Advent, Ankunft. Wenn Gott zu uns kommt, dann ist das ein Abenteuer für uns. Dann brechen unsere routinierten Gewißheiten und Sicherheiten zusammen. Es gibt zahlreiche Märchen, die davon erzählen, daß einer die Ankunft Gottes bei sich erwartet. Er bereitet ein festliches Essen vor. Aber da kommen ihm andere in die Quere. Ein Armer klopft an und bittet um Hilfe. Er wird weggeschickt. Ein Junge kommt, aber er stört beim Warten auf das Kommen Gottes. In Wirklichkeit ist Gott in diesen ärmlichen Menschen gekommen. Aber wir sind so sehr auf unsere Bilder von Gott fixiert, daß wir sein Kommen übersehen. Wir warten immer auf etwas Außergewöhnliches und merken gar nicht, wie Gott täglich zu uns kommt in Menschen, die uns um etwas bitten, in Menschen, die uns mit einem Lächeln beschenken.

## 7.

Der Weg ist ein weit verbreitetes Gleichnis für unser Leben. Und so sehen wir uns im Traum häufig auf dem Weg. Wir gehen unbekannte Wege oder anfangs bekannte Wege, die auf einmal aufhören. Wir irren dann verzweifelt umher und suchen ein bestimmtes Ziel, eine Stadt, ein Haus. Oder wir bleiben wie angewurzelt stehen und können keinen Schritt mehr machen. Das alles sind Bilder für unseren momentanen Lebensweg. Und wir tun gut daran, diese Bilder in unsere Gewissenserforschung einzubeziehen und Gott zu befragen, was er uns in den Bildern über unsern Ist-Zustand sagen will und welche Schritte wir unternehmen sollten.

## 8.

Wandern ist gerade für Menschen heilsam, die depressiv veranlagt sind. Statt über sich nachzugrübeln, sollten sich depressive Menschen auf den Weg machen, ihren Körper anstrengen. Durch Nachgrübeln kommt man oft nicht weiter, man gerät in einen Teufelskreis, aus dem man nicht mehr ausbrechen kann. Im Wandern wage ich mich heraus aus diesem Teufelskreis. Da bleibe ich nicht mehr nur im Kopf, im Denken und Grübeln, in dem ich mich selbst oft nicht wahrnehme und spüre, sondern oft neben mir stehe, mich aus einer gewissen Distanz heraus beobachte und manchmal gar nicht mehr weiß, wer ich bin. Im Wandern werde ich wieder eins mit meinem Leib. Ich spüre meinen Leib, ich schwitze, ich spüre Leben und Kraft in mir. Dieses Spüren des Lebens in mir entreißt mich der Depression, die mich am liebsten verschlingen möchte. Wer wandert, der läßt sich nicht verschlingen, er löst sich aus dem Sog der Gedanken, die einen ängstigen und einen wie eine dunkle Wolke überfallen.

## 9.

Diese Eigenschaft des Gehens, uns den Sinn und das Ziel unseres Lebens zu erschließen, läßt sich schon aus der Sprache herleiten. Das Wort „Sinn" bedeutet ursprünglich gehen, reisen, eine Fährte suchen, eine Richtung nehmen. Gehen heißt also, auf etwas sinnen, nach dem Sinn fragen, nach dem Ziel suchen. Wer sich auf den Weg macht, fragt nach dem Sinn seines Lebens. Im Gehen sucht er den Grund und das Ziel seines Unterwegsseins. Das Ziel unseres Gehens ist letztlich nie innerweltlich, wir gehen auf eine letzte Geborgenheit zu, auf eine Heimat, in der wir uns endgültig niederlassen können. Novalis hat diesen Aspekt des Gehens in seinem Roman „Heinrich von Ofterdingen" in die kurze Frage gefaßt: „Wohin denn gehen wir – immer nach Hause."

## 10.

Wenn man sich fragt, warum in allen Religionen der Weg als Bild für das menschliche Leben genommen wird, so wird man darauf stoßen, daß die Erfahrungen, die Menschen auf dem Wege gemacht haben und immer noch machen, so tief gehen, daß sie für die menschliche Existenz schlechthin gelten. Es geht also beim Wandern nicht bloß um eine Fortbewegung, nicht bloß um körperliche Ertüchtigung, um sinnvolle Freizeitbeschäftigung, sondern es werden beim Gehen die tiefsten Schichten des menschlichen Bewußtseins angesprochen. Der Mensch erfährt sich selbst als einen, der wesentlich auf dem Weg ist. Er hat hier keine letzte Bleibe. Der Tod stellt jede Heimat in Frage. Der Tod zeigt dem Menschen, daß er in der Welt im Grund ein Fremdling ist, der nach einer ewigen Heimat sucht, wo er sich endgültig niederlassen kann. Und der Mensch spürt, daß er auf dem Wege immer weiter muß, daß er nicht stehenbleiben kann, ohne mit sich selbst uneins zu werden. Wenn er sich treu bleiben will, so muß er gehen. Wenn er Mensch werden will, muß er wandernd sich wandeln, um im Tod als der letzten Wandlung vom Leben ganz durchdrungen und verwandelt zu werden. Dann hat er seine Bestimmung erfüllt, dann ist er angekommen, daheim. Der Mensch ist nicht bei sich zu Hause, sondern er ist auf dem Weg nach Hause.

## 11.

Der Weg im Traum führt manchmal in die Enge. Wir müssen da hindurch wie bei der Geburt. Ein neues intensiveres Leben erwartet uns jenseits der Enge. Oft stehen wir vor einem Kreuzweg. Wir wissen nicht, in welche Richtung wir gehen sollen. Manchmal zeigen uns Wegweiser mit seltenen Namen den Weg. Sie erinnern uns an seelische Inhalte, die es nun gilt, bewußt zu machen. Manchmal taucht dann ein wegekundiges Tier auf, das den Instinkt in uns bezeichnet. Oder es ist ein kleines Kind oder gar ein Engel, der uns sicher führt. Nach solchen Träumen haben wir allen Grund, Gott zu danken, daß er uns den Weg leitet und uns sagt, worauf wir hören sollen.

## 12.

In der Unruhe liegt eine Energie. Es geht also gar nicht darum, die Unruhe sofort wieder in Griff zu bekommen. Wir müssen erst einmal erkennen, wohin uns die Unruhe treiben möchte. Sie zeigt uns, daß unser Leben noch nicht stimmt, daß wir noch nicht im Einklang sind mit dem einmaligen Bild, das Gott sich von uns gemacht hat. Wir haben uns immer noch in ein Korsett gezwängt, das zu eng für uns ist. Die Unruhe ermutigt uns, das Korsett zu zerbrechen und uns den Weg in die Freiheit zu bahnen. Statt gegen die Unruhe anzugehen, sollten wir die Energie nutzen, die in ihr steckt. Dann wird sie von alleine vergehen. Sie hat ihre Aufgabe erfüllt, uns auf neue Wege zu schicken. Nun brauchen wir sie nicht mehr. Wir müssen unsere Unruhe genau anschauen, ob sie eine heilsame Unruhe ist, die uns nicht stehenbleiben läßt auf unserem Weg, die uns vorantreibt in unserem Prozeß der Menschwerdung und auf unserem Verwandlungsweg, oder aber ob es unheilvolle Unruhe ist, die uns unfähig macht, im Augenblick zu sein, die uns die Augen vor dem verschließt, was gerade nötig wäre. Solche heillose Unruhe zerreißt uns nur. Sie führt zu nichts.

## ꙳ 13. ꙳

Ein Weg, zur inneren und äußeren Ruhe zu kommen, wäre es, all das, was wir nicht wirklich brauchen, zu entrümpeln, damit wir wieder genügend Raum bekommen, um zu leben, um die Ruhe in unserem Haus genießen zu können. Wenn alles voll steht, ist es nirgends mehr einladend, können wir nirgends mehr ausruhen. Überall erinnern uns Gegenstände, was wir noch eigentlich gebrauchen könnten, was wir damit anfangen müßten, damit es nicht umsonst herumsteht. So setzt uns das Gekaufte oft genug unter Zugzwang. Damit es nicht umsonst gekauft ist, müssen wir damit etwas tun. Wir müssen uns beschäftigen, anstatt einfach zu genießen, daß wir freie Zeit haben, daß uns die Zeit geschenkt ist.

## ꙳ 14. ꙳

Sich selbst auszuhalten, ohne sich abzulenken, selbst ohne ein Buch zu lesen, das ist gar nicht so einfach. Wir meinen dann vielleicht, wir könnten die Zeit nützen und etwas studieren. Oder wir könnten etwas erledigen, was wir schon lange liegen gelassen haben. Aber wichtig ist, daß ich einmal bewußt gar nichts tue, daß ich nur dasitze und mich vor Gott wahrnehme. Was taucht in mir auf? Was beschäftigt mich eigentlich? Was bewegt mich innerlich? Vielleicht spüre ich Ärger oder Angst oder Unzufriedenheit. Die alten Mönche, die ihre Erfahrung beschreiben, vergleichen ihr Tun mit dem des Fischers. Der sitzt ruhig vor dem Wasser und wartet, bis ein Fisch auftaucht. Dann fängt er ihn und wirft ihn ans Land. So soll der Mönch wachsam am Meer seines Herzens sitzen und warten, bis die Fische seiner Gedanken und Emotionen auftauchen. Dann kann er sie fangen und sie hinauswerfen. Aber wer in der Ruhe das Wasser seines Herzens betrachtet, fängt nicht nur die Fische, die auftauchen. Er kann auch sich selbst wie in einem Spiegel sehen.

## 15.

Für die stoische Philosophie ist unser Leben ein permanentes Fest. Wir feiern, daß wir Menschen sind mit einer göttlichen Würde. In der Langsamkeit unserer Bewegungen wird etwas von diesem Fest erfahrbar. Wir fassen die Dinge langsam an, wir schreiten langsam. Wir lassen uns Zeit für ein Gespräch. Wir lassen uns Zeit zum Essen. Wir essen ganz langsam und bewußt. Und auf einmal merken wir, wie gut es schmeckt. Wir können genießen. Wir feiern auch ein Fest, wenn wir ganz langsam eine Scheibe Brot kauen.

## 16.

Für Augustinus besteht der Weg zur Ruhe darin, daß wir wieder mit unserer Sehnsucht in Berührung kommen, daß wir unsere Süchte wieder in Sehnsucht verwandeln. In der Sehnsucht erfahren wir, daß in uns ein weltjenseitiger Kern liegt, etwas, das diese Welt übersteigt. Wenn wir mit unserer Sehnsucht in Kontakt sind, dann können wir auf einmal einverstanden sein mit unserem Leben, so wie es ist. Dann können wir uns verabschieden von den Illusionen, die wir uns vom Leben gemacht haben und die uns in die Unzufriedenheit getrieben haben. Unser Leben muß gar nicht perfekt sein. Es muß nicht alle unsere Wünsche erfüllen. Es bleibt ja noch ein Rest, den allein Gott erfüllen wird.

## ∞ 17. ∞

In der Sehnsucht habe ich einen Punkt in mir, der das Alltägliche übersteigt. Und dieser Punkt ist der Ruhepunkt in allen Turbulenzen meines Lebens. Er befreit mich von der Unruhe, die mich hier schon die Erfüllung meiner Wünsche suchen läßt. Wenn ich weiß, daß allein Gott meine tiefste Sehnsucht erfüllt, dann kann ich ruhig und gelassen ja sagen zu dem Leben, wie es halt ist, mit allen Höhen und Tiefen, mit seinen Begrenzungen und Behinderungen.

## ∞ 18. ∞

Viele haben den Anspruch, das Leben müßte ohne Gefahr verlaufen. Man müsse sich gegen alle Gefahren versichern, damit einem ja nichts passieren könne. Aber je mehr man sich absichert, desto unsicherer wird man. Und allmählich traut man sich nichts mehr zu. Alles muß versichert sein. Ohne ausreichende Sicherheit kein Wagnis. Das führt immer mehr zur Erstarrung, wie es die politische und wirtschaftliche Situation heute deutlich genug zeigt. Wir kommen aus dieser Sackgasse nur heraus, wenn wir etwas wagen, wenn wir auch einen Fehler riskieren.

## 19.

Wer auch zum Tod dankbar ja sagen kann, der hat keine Angst vor ihm. Und die Freiheit von jeder Todesangst ist die Voraussetzung, daß wir uns überhaupt frei fühlen können. Wer die Augen vor dem Tod verschließt, der muß ständig in der Angst leben, daß ihn der Tod doch irgendwann überfallen wird wie ein Dieb. Er ist permanent auf der Flucht und wird von seiner Angst getrieben, immer mehr vor der Wahrheit seines Todes davonzulaufen. Das Wissen, daß unser Leben nicht uns gehört, daß wir kein Anrecht auf ein langes Leben haben, sondern daß wir es von Gott empfangen haben und es ihm daher dankbar zurückgeben müssen, ist der tiefste Grund wahrer Freiheit.

## 20.

Wenn ich wirklich zur Ruhe kommen will, muß ich mit meiner Unruhe reden und sie befragen, was sie mir sagen möchte. Die Unruhe ist nie einfach durch die äußeren Lebensbedingungen verursacht. Es ist immer auch ein Grund in mir.

## 21.

Der Kopf ist vielleicht noch weiter unruhig. Da jagen sich die Gedanken weiter hin und her. Aber tief unten ist es still. Da kann ich mich fallen lassen. Ken Wilber vergleicht die Meditation mit dem Eintauchen in das Meer. Oben ist das Meer unruhig. Da gehen die Wellen und Wogen hin und her. Aber je tiefer wir nach unten tauchen, desto ruhiger wird es. Meditation ist das Eintauchen in die innere Ruhe, die auf dem Grund unseres Herzens in uns verborgen ist. Die Redewendung „zur Ruhe kommen" meint ja, daß die Ruhe schon da ist, daß wir sie nicht erst herstellen müssen. Sie ist in uns als ein Raum, zu dem wir hinkommen dürfen.

## ꕤ 22. ꕤ

Wenn Du im Sommer morgens durch eine taufrische Wiese wanderst, dann fühlst Du Dich frischer und lebendiger. Dein ganzer Leib wird erfrischt, wenn Du barfuß durch die Wiese läufst. Der Tau lädt Dich aber auch dazu ein, die Wiese einfach anzuschauen und über das Spiel des Lichtes in den Tropfen zu staunen. Es ist etwas Unberührtes. Du scheust Dich, dieses Geheimnisvolle zu zerstören. Es lädt Dich ein, einfach zu schauen, zu betrachten, zu staunen. Der Sommermorgen läßt die Seele wieder froh werden. Da kann man den Psalmvers gut verstehen: „Wenn man am Abend auch weint, am Morgen herrscht wieder Jubel“ (Ps 30,6). Der Tau wischt die Sorgen des vergangenen Tages von der Seele ab und läßt sie wie neu erscheinen.

## ꕤ 23. ꕤ

Das Paradox ist, daß das Zusammenfallen von Zeit und Ewigkeit immer an eine sinnliche Erfahrung gebunden ist. Gerade in der Materie wird der Geist erfahren, im Raum das Raumlose, in der Zeit das Zeitlose. Wenn ich ganz in meinen Sinnen bin, dann bin ich auch ganz präsent, dann erfahre ich absolute Ruhe. Ich kann mich von der Sonne bestrahlen lassen und die Wärme der Sonne in meiner Haut spüren. Wenn ich ganz in meiner Haut bin, dann kommt der unruhige Geist zur Ruhe, dann ist der Geist ganz in meiner Haut. Er ist nicht mehr im Kopf, in dem er immer nur Unruhe erzeugt. Er läßt sich ein in die Sinne und kommt in ihnen zur Ruhe. Dann ist wieder diese Erfahrung der Einheit. Geist und Sinne werden eins, Zeit und Ewigkeit.

## 24.

Erfahrungen absoluter Ruhe, in denen Zeit und Ewigkeit zusammenfallen, können wir machen, wenn wir in der Betrachtung einer Blume, einer Landschaft, eines Gemäldes aufgehen. Wenn wir ganz im Schauen sind, dann gibt es keinen Unterschied mehr zwischen Schauer und Beschauten, dann fallen beide in eins zusammen. Und dann hört auch die Zeit auf. Oder wir können solche Ruhe erahnen, wenn wir einen langsamen Satz von Bach oder Mozart hören, wenn wir ganz Ohr sind, uns von nichts ablenken lassen, ganz im Hören aufgehen. Dann berühren wir mitten in der Zeit die Ewigkeit, dann hört im Hören die Zeit auf. Manchmal geht es uns auch im Lesen so. Wir lesen ein Buch. Auf einmal berührt uns etwas. Wir können nicht weiter lesen. Wir bleiben stehen, ohne darüber nachzudenken. Wir sind einfach da.

## 25.

Zu einem geistlichen Leben gehört das Schweigen und Staunen, das Anbeten und vor Gott zur Ruhe kommen. Ob einer das kann, zeigt sich auch in seiner Art zu essen. Nicht umsonst ist für Benedikt die Mahlzeit ein heiliges Geschehen. Die Mönche sollen nicht nur von den Gaben der Schöpfung essen, sondern gleichzeitig von dem Wort, das sie in der Tischlesung hören. Essen ist so ein geistig-geistliches Geschehen, ein Empfangen und Aufnehmen von Gottes Gaben und Worten. Die äußere Form des Essens hat Auswirkungen auf den ganzen Menschen, auf seinen Leib und seine Seele. Es gibt heute oft eine Kulturlosigkeit des Essens, in der alles nur noch möglichst schnell hinuntergeschlungen wird, um den Hunger zu stillen (fast food). Das Tischgebet wäre nicht nur eine fromme Übung, sondern könnte auch zu einer Kultur des Essens führen.

## 26.

Wir können das geistliche Leben nicht nur im Kopf leben. Wir müssen den ganzen Leib mit einbeziehen. Und dazu gehört eine maßvolle und gesunde Ernährung. Der Kampf um das maßvolle Essen ist jedoch vergeblich, wenn wir keine spirituelle Motivation haben. Wenn wir nur um unser Gewicht und um unsere Gesundheit kreisen, kann eine gesundheitsbewußte Ernährung auch zu einer Ideologie und zu einem freudlosen und verkrampften Tun werden. Wir müssen immer die Einheit von Leib und Seele sehen. Unser Leib ist wichtig genug, daß wir auf ihn und seine Gesetze achten und im bewußten und maßvollen Essen und Trinken ihn gut behandeln. Das heißt, daß wir ihn nicht übermäßig pflegen, sondern so mit ihm umgehen, daß er offen und transparent wird für Gottes Geist.

## 27.

Auch unser Wohnraum kann uns krank oder gesund machen. Das gilt nicht nur von falscher Bauweise und giftigen Baumaterialien oder vom falschen Standort über Wasseradern und Erdstrahlen. Das gilt auch von der Art und Weise, wie wir unseren Wohnraum eingerichtet haben. Es gibt eine pedantische Ordnung, aber es gibt auch eine Kulturlosigkeit des Wohnens, die der Seele schadet. Unsere Spiritualität sollte sich daher nicht zu gut sein, auch auf das Einrichten und Ordnen des Zimmers zu achten. In der äußeren Ordnung unseres Zimmers kann auch die Seele in Ordnung kommen. Freundliche Bilder und eine geschmackvolle Anordnung der Möbel tun auch der Seele gut. Wir sollen uns von den äußeren Dingen nicht abhängig machen, aber wir sollen auch berücksichtigen, daß wir Menschen sind, die von den Augen her leben und hygienisch mit den Augen umgehen sollen.

## 28.

Die Musik, die wir hören, wirkt in uns weiter. Die Geräusche, die uns umgeben, beeinflussen uns. Daher muß ich gut mit meinen Ohren umgehen. Wenn ich sie ständigem Lärm aussetze, kann mich das krank machen. Es gibt auch eine Art von Musik, die etwas in mir kaputt trampelt. Das Gleiche gilt vom Fernsehen. Wir können nicht einfach zuschauen, ohne daß es auf uns wirkt. Die Frage ist, welche Bilder uns tagsüber begleiten, Bilder vom Fernsehen oder Bilder der Bibel, die uns heilen können.

## 29.

Der Schlaf ist nicht nur die nötige Erholung für den Leib, sondern auch für die Seele. Im Schlaf regt sich die Seele in einer andern Weise. Das Unbewußte wird aktiv, es meldet sich in den Träumen. Und die Traumrealität ist genauso wirklich wie die Realität des wachen Bewußtseins. Wenn wir gesund leben wollen, müssen wir daher auch die Traumrealität beachten. Wir sollen auf unsere Träume hören. In den Träumen deutet und kommentiert unser Unbewußtes die Tagesereignisse und unsern momentanen Zustand auf unserem Weg der Selbstwerdung. Diese Deutung sollten wir beachten. Denn unsere bewußte Sicht der Dinge ist oft sehr einseitig. Im Traum können wir erkennen, was während des Tages wirklich abgelaufen ist und welche Bedeutung es für uns hat.

## 30.

Dem Menschen soll ein gesundes Maß an Schlaf zur Verfügung stehen. Wer zuviel schläft, wird schläfrig und oft genug läuft er vor etwas davon. Er stellt sich nicht der Wirklichkeit und flüchtet in den Schlaf. Wer zuwenig schläft, ist maßlos. Er überschätzt sich selbst und seine Wichtigkeit und kann sich nicht fallen lassen, nicht loslassen. Sicher ist das Maß des Schlafes für jeden verschieden. Aber jeder soll sich prüfen, einerseits ob sein Schlafbedürfnis übertrieben ist, andererseits ob er sich durch zu wenig Schlaf überfordert.

## 31.

Wahre Ruhe hat immer teil an der Erfahrung der Ewigkeit. So sieht es schon Augustinus, wenn er über die Ruhe des achten Tages, des Auferstehungstages, nachdenkt. Für ihn ist der achte Tag der Tag, an dem wir teilhaben an der ewigen Sabbatruhe Gottes: „Denn jene ewige Ruhe setzt sich am achten Tag fort und endet nicht an ihm, weil sie ja sonst nicht ewig wäre. Deshalb wird der achte Tag sein, was der erste war, und so das ursprüngliche Leben sich nicht als vergangen, sondern als mit dem Stempel der Ewigkeit bekleidet erweisen."

# August

## ∞ 1. ∞

Der Engel der Lebenslust möchte mich nicht nur an Sonn- und Feiertagen einführen in die Freude am Leben. Er beginnt schon am Morgen damit, mir die Augen zu öffnen für das Geheimnis dieses Tages, für die kleinen Freuden, die für mich bereitliegen, für die frische Luft, die durch das offene Fenster einströmt, für meinen Leib beim Duschen, für das frische Brot beim Frühstück, für die Begegnung mit Menschen, mit denen ich heute zu tun habe. Der Engel der Lebenslust nimmt mich an die Hand und zeigt mir, daß das Leben in sich schön ist. Es ist schön, gesund zu sein, seinen Leib zu bewegen. Es macht Spaß, frei durchzuatmen. Und es ist eine Freude, die täglichen Überraschungen des Lebens bewußt wahrzunehmen.

## ∞ 2. ∞

Das eigentliche Ziel des Vergessens besteht darin, sich selbst zu vergessen. Es ist eine große Gnade, sich selber annehmen zu können. Aber die Gnade aller Gnaden besteht darin, sich selbst vergessen zu können. Ich kenne Menschen, die ständig um sich kreisen. Wenn sie im Urlaub sind, können sie sich nicht auf die Schönheit der Landschaft einlassen, weil sie sich fragen, ob sie den richtigen Urlaub gebucht haben, ob es wohl dort, wo sie sonst hin wollten, besseres Wetter gebe. Wenn sie einem Menschen begegnen, überlegen sie, was er von ihnen denkt. So sind sie blockiert, sich wirklich auf ihn einzulassen. Wenn sie beten, fragen sie sich, was es ihnen bringt. Bei allem, was sie tun, steht ihnen ihr Ego im Weg. Sich selbst zu vergessen ist die Kunst, wirklich präsent zu sein, sich ganz auf das einlassen, was gerade ist. Nur wenn ich mich selbst vergesse, bin ich wirklich da. Nur wenn ich aufhöre, ständig an mich und meine Wirkung nach außen zu denken, kann ich mich auf eine Begegnung, auf ein Gespräch einlassen und genießen, was da zwischen uns entsteht.

## ꕤ 3. ꕤ

Im Leben der Natur hat der Mensch seit jeher sein eigenes Lebensgesetz erkannt. Wie die Natur aufblüht und wieder stirbt, so auch der Mensch. Indem er das Stirb und Werde der Natur feiert, bejaht er sein eigenes Schicksal und söhnt sich damit aus. An der Wurzel mancher christlichen Feste steht noch ein heidnisches Naturfest. Das mag einem als heidnisches Relikt vorkommen, das man überwinden müsse. Aber die Verbundenheit des Kirchenjahres mit dem Rhythmus der Natur ist für uns heilsam. Wir sehen in dem Geschehen um uns herum ein Symbol für das, was in uns abläuft. Wir sollen uns nicht als Geistwesen über alles Natürliche erheben. Wir sind eingebettet in die Natur. Wenn wir dazu ja sagen und mit ihr leben, dann tut uns das gut.

Es tut unserer Psyche gut, wenn wir in den Rhythmus der Natur einschwingen, anstatt uns einen künstlichen Rhythmus aufzusetzen, der unserer Natur widerspricht. Naturgemäß leben heißt auch, dem Wesen unserer Seele gemäß leben.

Wir sind einfach abhängig vom Geschehen um uns herum, von der Jahreszeit, vom Zustand der Natur um uns herum. In unseren Träumen zeigen uns Naturbilder oft an, wie es um uns steht. In der Liturgie des Kirchenjahres werden die Bilder der Natur aufgenommen, damit sie ihre heilende Wirkung in uns entfalten können. Das Leben in der Natur soll uns die eigene Lebendigkeit entdecken helfen.

## 4.

Die Landschaft ist da, unabhängig vom Wort. Aber wenn sie nicht ins Wort gefaßt wird, wenn sie nicht besungen wird, ist sie bloß vorhanden. Erst wenn ich darüber mit einem spreche, erst wenn ich sie lobe, erst wenn ich sie im Gedicht besinge, wird sie für mich und für andere wirklich. Erst das lobende Wort weckt das Leben, das in der Landschaft schlummert. So läßt das Lob des Schöpfers, das die Mönche im Chorgebet singen, die Schönheit der Schöpfung für die Menschen erstrahlen. Das Wort des Lobes wird so zum Mitschaffer und Erhalter der Schöpfung Gottes. Das ist wohl die höchste Würde des Gotteslobes, daß Gottes schöpferisches Wort in ihm selbst wirksam wird und die Schöpfung in der lobenden Antwort des von Gottes Gnade ergriffenen Menschen zur Vollendung kommt.

Vielleicht meinen manche, das sei zu hoch gegriffen. Aber wenn die Menschen an einem Kloster vorbeifahren und wissen, daß da Tag für Tag Gott gelobt wird, dann verändert sich für sie die Welt. Wer überall nur die Umweltzerstörung sieht, der wird blind dafür, in der Schöpfung Gott zu erkennen. Und wer die Welt nur für sich ausbeutet, der verliert den Blick für das Geheimnis der Schöpfung, in der Gott selbst erfahren werden kann. In einem benediktinischen Kloster wird die Schöpfung nicht nur besungen. Sie wird auch in ihrer Schönheit dargestellt in schönen Kirchenbauten, in der Art und Weise, wie Liturgie gefeiert wird. Da wird nicht einfach eine religiöse Pflicht erfüllt. Da entwickelt man Phantasie und Kreativität, um Gottes Schönheit würdig zu feiern.

## 5.

Je zielloser man ist, desto mehr treibt man einander in die Hetze, desto mehr hindert man sich daran, den Augenblick zu genießen. Urlaub kommt eigentlich von „Erlauben“. Im Urlaub sollten wir uns erlauben, die Muße zu genießen. Muße ist das Gegenteil von Hetze, in die der Animationsurlaub treibt. Muße ist Zustimmung zum Sein, Sich-Versenken in die Wirklichkeit, einfach Dasein, ohne Druck, sich beschäftigen zu müssen.

## 6.

Man hat den Eindruck, daß heute die Geduld fehlt, etwas wachsen zu sehen. Man muß sofort Erfolge sehen. Man muß sofort Bedürfnisse erfüllen. Man läßt sich nicht mehr die Zeit, dem Wachsen einer Blume oder eines Baumes zuzusehen. So wird oft viel Wind fabriziert. Aber es wächst nichts, was Bestand hat. Die gleiche Ungeduld kann man bei der Erziehung der Kinder beobachten. Man kann es kaum aushalten, wenn Kinder einmal eine Krise durchmachen. Man gerät in Panik und meint, man müsse die Krise sofort wieder in Griff bekommen. Unsere Politik ist von Kurzatmigkeit geprägt. Täglich werden neue Lösungsmöglichkeiten angepriesen, die aber schon am gleichen Tag widerrufen werden. Je schneller man Lösungen möchte, desto mehr lähmen sich die verschiedenen Parteien, und es geschieht gar nichts. Die Hektik gebiert leeres Stroh. Der Hektiker arbeitet effektiv weniger als der, der mit Ruhe und Gelassenheit an die Arbeit geht.

## 7.

Wenn wir einen Panther in einem Käfig beobachten, dann bewundern wir, wie souverän und langsam er seine Bewegungen macht. Wir wissen, daß er im nächsten Augenblick auch unglaublich schnell sich auf ein Opfer stürzen kann. Aber er hat Zeit, er läßt sich Zeit. Bei uns ist Zeit Geld.

Wir müssen möglichst viel Zeit einsparen, um sie für Wichtigeres frei zu haben. Aber die Frage ist: Was ist dann für uns wichtiger? Mit dem, was uns dann übrig bleibt, können wir oft genug nichts anfangen. Meist hetzen wir. Aber wohin?

## 8.

Wir sollen nicht zu Triebmenschen, zu getriebenen Menschen werden, die sich einfach treiben lassen, sondern zu Menschen, die die Leidenschaft antreiben, dem Leben zu dienen und das Leben in seiner Vielfältigkeit auszuformen.

## ꕤ 9. ꕤ

Wenn wir zu aufgewühlt sind, dann ist es besser, erst einmal die Unruhe durch einen längeren Spaziergang oder einen Waldlauf zu vertreiben. Im Gehen kann ich mich freigehen von der inneren Unruhe, von Problemen, die mich umtreiben. Der dänische Religionsphilosoph Sören Kierkegaard hat die Erfahrung gemacht, daß es keinen Kummer gibt, den er sich nicht weggehen kann. Auch im ruhigen Laufen kann ich mich freilaufen von dem, was mich beschäftigt. Allerdings wird das nicht gelingen, wenn mein Joggen von einem inneren Leistungsdruck geprägt ist, wenn ich immer nur die Kilometer zähle, die ich mir als Pensum vorgenommen habe. Ich muß mich ganz der Bewegung überlassen. In der Bewegung übernehme ich das innere Bewegtsein und bringe es zur Ruhe. Wenn ich mich nach einem Spaziergang im Zimmer zur Meditation hinsetze, dann bin ich viel ruhiger als vorher. All die innere Unruhe ist verflogen. Gerade in unserer hektischen Welt brauchen wir leibhafte Weisen, um die Unruhe zu vertreiben. Das kann neben dem Spazierengehen oder Laufen auch eine Gartenarbeit sein. Wenn ich mit dem Leib meinen inneren Dampf ablasse, kann ich nachher viel ruhiger sein.

## ꕤ 10. ꕤ

Kierkegaard über das Gehen: „Vor allem verliere nie die Lust am Gehen! Ich gehe jeden Tag zu meinem Wohlbefinden und entferne mich so von jeder Krankheit. Ich habe mir meine besten Gedanken ergangen, und ich kenne keinen noch so schweren Kummer, den man nicht weggehen kann.“

## 11.

Das ständige Gehen, die gleichmäßige Bewegung, der man sich überlassen kann, ohne viel zu denken, kann zu einem Reinigungsweg werden. Man kann vieles abfallen lassen. Innere Unruhe legt sich, das, was einem gerade noch geärgert oder aufgewühlt hat, kommt zur Ruhe. Man geht sich frei von aller Unrast und von allem Unrat der Seele. Viele Menschen machen die Erfahrung, daß sie durch das Gehen ruhiger werden, ruhiger als wenn sie sich schweigend hinsetzen würden. Gerade für den nervösen und hektischen Menschen ist das Wandern hilfreicher als das stille Sitzen. Im Gehen kann er leichter abschalten.

## 12.

Im Gehen sind wir ständig in Bewegung und so kann sich auch in unserem Geist etwas bewegen. Die gleichmäßige Bewegung der Füße, die den Boden immer wieder berühren und sich von ihm wieder abheben, ermöglicht das Abgeben von Spannungen, die sich im Leib freigesetzt haben und immer auch seelische Konflikte ausdrücken. So geht man sich die Unruhe und den Kummer weg und wird immer ruhiger und ausgeglichener. Indem man bewußt die Füße aufsetzt und abrollt, läßt man alles abfließen, was den Leib und damit auch die Seele verspannt, verkrampft, verunreinigt. Man fühlt sich nach dem Wandern wie innerlich gewaschen, aufgeräumt. Der Müll ist weggegangen.

## 13.

Zeit und Ewigkeit fallen im Augenblick zusammen. Wenn wir ganz im Augenblick sind, dann steht die Zeit still. Jeder hat vermutlich schon die Erfahrung gemacht, daß er fasziniert einen Sonnenuntergang betrachtet hat. Und er hat dabei gar nicht gemerkt, wie die Zeit vergangen ist. Wenn wir uns ganz intensiv auf etwas einlassen, vergessen wir die Zeit, da hört die Zeit auf, da sind wir nur noch reiner Augenblick, reine Gegenwart. Das ist dann die Ahnung der ewigen Sabbatruhe, an der wir jetzt schon teilhaben.

## 14.

Meditation ist der Weg, auf dem wir zum inneren Ort der Ruhe kommen. Meditation heißt nicht, daß wir immer ganz still sein müssen. Wir dürfen uns da nicht unter Leistungsdruck setzen. Meditation hat nichts mit Konzentration zu tun. Die Gedanken werden weiter auftauchen. Wir können sie nicht abstellen. Aber wenn wir sie nicht beachten, wenn wir durch Wort und Atem immer tiefer in den eigenen Seelengrund gelangen, dann kann es sein, daß es für einen Augenblick ganz still ist in uns. Ich spüre dann: jetzt berühre ich das Eigentliche.

## 15.

Wie die Träume uns Aufschluß über das geben, was auf dem Grund unserer Seele, in unserem Unbewußten vor sich geht, so auch die Zerstreuungen, die ja auch aus dem Unbewußten stammen. Sie zeigen die Neigungen unseres Herzens. Wenn wir merken, daß wir immer wieder an das Gleiche denken, an bestimmte Menschen, Ereignisse, oder daß uns immer wieder die gleichen Probleme oder Pläne im Kopf herumschwirren, so können wir daraus sehr wertvolle Rückschlüsse über uns selbst ziehen. Und sobald wir uns auf diese Weise selber besser erkannt haben, werden die Zerstreuungen nachlassen, und wir werden fähig, gesammelt zu Gott zu beten.

## 16.

Wenn ich mit meiner Sehnsucht in Berührung komme, dann kann ich mich aussöhnen mit der Durchschnittlichkeit meines Lebens. Dann kann ich mich verabschieden von Illusionen, die ich mir von meinem Leben gemacht habe, etwa von der Illusion, daß mich mein Beruf völlig erfüllen müsse, daß meine Familie immer in Harmonie leben könne oder daß ich immer Erfolg haben und bei allen beliebt sein könnte. Viele halten hartnäckig an diesen Illusionen fest. Und wenn das Leben sie nicht erfüllt, dann verdrängen sie das dadurch, daß sie ihr Leben in rosigen Farben schildern. Wenn sie andern etwas erzählen, so übertreiben sie gerne. Sie stellen es immer spannender dar, als es ist. Alles in ihnen ist etwas Besonders. Wenn sie von sich sprechen, so erzählen sie immer, wie außergewöhnlich der Prozeß ist, der in ihnen gerade abläuft. Sie wollen damit überdecken, daß sie in einer tiefen Krise stecken. Sie verschließen die Augen vor der Banalität ihres Lebens und halten durch eine übertriebene Beschreibung ihrer Situation die Illusion ihrer Besonderheit aufrecht.

## 17.

Meine Sehnsucht hat eine positive Wirkung. Sie hält mich davon ab, mein Leben mit Erwartungen zu überfordern und Menschen mit meinen Wünschen zu erdrücken. Ich kann mich aussöhnen mit meinem Alltag, so wie er ist. Und ich kann die Menschen annehmen, wie sie sind. Das gilt von meinen Arbeitskollegen genauso wie für den Ehepartner. Die Sehnsucht führt mich über diese Welt hinaus. Es gibt in mir etwas jenseits der Welt, etwas, über das die Welt keine Macht hat. Die Sehnsucht befreit mich daher vom Verhaftetsein an die Welt. Ich akzeptiere, daß kein Mensch mir meine tiefste Sehnsucht erfüllen kann. Aus einer solchen Haltung heraus kann ich dem Menschen in Freiheit begegnen, ohne ihn durch überhöhte Erwartungen in ein festes Bild zu pressen. Die Sehnsucht ermöglicht mir eine vorurteilslose Offenheit andern gegenüber. So kann ich die Begegnung und die Beziehung genießen, ohne ständig mehr haben zu wollen. Der andere verweist mich auf Gott, ohne für mich Gott sein zu müssen.

## 18.

Nicht indem wir möglichst viel Vergnügen suchen, finden wir die Lust am Leben, sondern indem wir das Böse meiden und das Gute tun. Wer das Leben wirklich genießen will, der muß auch verzichten können. Es bedarf der Askese als des Trainings in die innere Freiheit. Nur wer das Gefühl hat, daß er sein Leben selber in die Hand nimmt und es formt, empfindet Freude daran. Wenn einer völlig abhängig ist von seinen Bedürfnissen und jedes Bedürfnis sofort befriedigen muß, wird er sich nie seines Lebens freuen. Er hat eher ein dumpfes Gefühl, daß er von außen her gelebt wird, anstatt selber zu leben.

## 19.

Wer Freiheit nur so versteht, daß er tun kann, was er will, der ist oft genug an seine eigenen Wünsche gebunden. Die wahre Freiheit drückt sich darin aus, daß ich frei bin von mir selbst, daß ich mich in dieser Freiheit für andere einsetzen kann, daß ich mich frei an ein Werk hingeben und mich vergessen kann im Dienst an den Menschen.

## 20.

Wir finden oft keinen Weg, die verschiedenen Seelen in unserer Brust zu vereinigen, weil wir ihren Zusammenhang nicht sehen. Wenn wir aber erkennen, daß diese scheinbar beziehungslosen Seiten sich zueinander wie Gegensätze verhalten, dann kann in uns eine Einheit entstehen. Denn Gegensätze haben die Tendenz, sich miteinander zu vereinen. Aus der Spannung der Gegensätze wird im Menschen eine Energie erzeugt, die auf die Vereinigung der Gegensätze zielt. Wenn wir also erkennen, daß wir daheim unsere egoistische Seite leben, weil wir in der Öffentlichkeit allzu altruistisch auftreten, dann wäre es unsere Aufgabe, diese beiden Seiten miteinander ins Gespräch zu bringen. Wir sollen diese beiden Seiten nicht bewerten. Wir brauchen sie beide. Ohne den Egoismus würden wir uns völlig verausgaben. Aber die beiden Seiten dürfen nicht beziehungslos nebeneinander leben. Sonst führen sie zu einem Scheinleben, zu einer Zerrissenheit, die uns spaltet und irgendwann unglaubwürdig macht. Ich darf mich von meinem Egoismus nicht beherrschen lassen, sondern ich soll seine berechtigten Anliegen berücksichtigen. Dann wird er mir helfen, mich abzugrenzen, wenn zuviele etwas von mir wollen. Und er wird darüber wachen, daß ich selbst nicht zu kurz komme. Wenn ich meinem Egoismus seine Berechtigung zugestehe, kann ich mich kraftvoll und engagiert für andere einsetzen und ihnen helfen, ohne Angst, mich dabei restlos zu verausgaben.

## ꕤ 21. ꕤ

Nur wer in seiner Mystik auch seine banalen und unfrommen Seiten annimmt, ist fähig zu einer Erfahrung des Einsseins, das alle Seiten in ihm umschließt: Licht und Schatten, Höhen und Tiefen, Menschliches und Unmenschliches, Gutes und Böses, Himmel und Erde, Klarheit und Schmutz, Stärken und Schwächen, Spirituelles und Gottloses.

## ꕤ 22. ꕤ

Mein Herz soll offen sein, daß das Wort mich anrühren kann. Nicht ich mache etwas mit dem Wort, sondern das Wort macht etwas mit mir, und zwar im Innersten der Seele.

Wenn das Herz mit dem Wort in Einklang stehen soll, dann kann das zwar auch bedeuten, daß unser Leben unserem Beten entsprechen soll. Aber das ist nur ein äußerer Aspekt. Das will besagen, daß zwischen unserem Geist und dem Wort keine Distanz mehr ist, daß unser Inneres ganz eins wird mit dem Wort.

## 23.

Wer nicht deuten kann, was ihm widerfährt, wer etwa eine Krise nicht verstehen kann, in die er gerät, der reagiert häufig kopflos. Die Krise läßt dann sein bisheriges Lebensgebäude zusammenbrechen. Er meint, vor den Trümmern seines Lebens zu stehen. In Wirklichkeit könnte die Krise gerade zu einer Begegnung mit Gott und zu einem Neuanfang werden. Von uns aus können wir aber nicht erkennen, was uns eine Krise sagen will. Wir brauchen ein Wort von außen, wir brauchen eine Geschichte, die uns unsere Situation umdeutet und uns so einen Weg weist, wie wir mit uns selbst weiterkommen, wie wir in allem Durcheinander doch zu Gott finden können.

## 24.

Schweigen meint nicht bloß, daß ich nicht rede, sondern daß ich die Fluchtmöglichkeiten aus der Hand gebe und mich aushalte, wie ich bin. Ich verzichte nicht bloß auf das Reden, sondern auch auf all die Beschäftigungen, die mich von mir selbst ablenken. Im Schweigen zwinge ich mich, einmal bei mir zu sein. Wer das versucht, der entdeckt, daß es zunächst gar nicht angenehm ist. Es melden sich da alle möglichen Gedanken und Gefühle, Emotionen und Stimmungen, Ängste und Unlustgefühle. Verdrängte Wünsche und Bedürfnisse kommen ans Licht, unterdrückter Ärger steigt hoch, ausgelassene Chancen, nicht gesagte oder ungeschickt gesagte Worte fallen einem ein. Die ersten Augenblicke des Schweigens enthüllen uns oft unser inneres Durcheinander, das Chaos unserer Gedanken und Wünsche. Es ist schmerzlich, dieses Chaos auszuhalten. Wir stoßen auf die inneren Spannungen, die uns ängstigen. Doch im Schweigen können diese Spannungen nicht abfließen. Schweigend entdecken wir, wie es um uns steht. Das Schweigen ist wie eine Analyse unseres Zustandes, wir machen uns nichts mehr vor, wir sehen, was in uns vorgeht.

## 25.

Alles, was in der Stille in uns auftaucht, hat einen Sinn. Wir sollen es anschauen, ohne zu bewerten. Aber wir sollen damit ins Gespräch kommen, damit es uns sagen kann, wofür es steht. Manchmal ist die Unruhe ein Indiz dafür, daß diese Art von Meditation, die ich gerade übe, für mich gar nicht stimmt, daß ich sie mir nur übergestülpt habe. Dann zeigt mir die Unruhe, daß ich noch nicht am Ziel bin, daß ich noch anderswo weiter suchen muß, bis ich meine Form des Betens gefunden habe. Oder aber die Unruhe zeigt mir, daß da noch viele unerledigte Sachen in mir sind, die ich erst anschauen muß. Die völlig unwichtigen Gedanken, die immer wieder auftauchen, verdecken nur, was darunter an eigentlichen Problemen verborgen liegt. Vielleicht sind die oberflächlichen Gedanken nur der Deckel, den ich über meinen inneren Vulkan halte, weil ich Angst habe, diesen Vulkan anzuschauen.

## 26.

Die Selbstbeobachtung ist schon Gebet. Indem der Mensch über sich nachdenkt und seine Gedanken von Gott hinterfragen läßt, betet er.

## 27.

Wir können im Gebet uns selbst nicht entfliehen. Gott läßt sich nicht als Fluchtweg mißbrauchen. Das zeigt er uns, indem er uns im Gebet immer wieder unsere Gefühle und Gedanken auftauchen läßt und uns so unseren eigenen inneren Zustand bloßlegt.

Abbas Nilos sagt vom Gebet: „Alles, was du aus Rache gegen einen Bruder tust, der dich beleidigt hat, wird in der Stunde des Gebetes in deinem Herzen auftauchen."

Und ein Altvater hält alles Beten, das uns nicht mit uns selbst und unserer Wirklichkeit konfrontiert, für zwecklos: „Wenn sich ein Mensch in seinem Gebet nicht an seine Handlung erinnert, bemüht er sich mit seinem Beten ins Leere."

## 28.

Ziel des Gebetes ist die Begegnung des Menschen mit Gott. Aber damit der Mensch als der, der er ist, Gott begegnen kann, darf er sich selbst nichts vormachen, sondern muß erst seine Gedanken und Gefühle vor Gott bloßlegen. Erst wenn er im Gespräch über sich selbst erkannt hat, wer er eigentlich ist und in welchem Zustand er sich befindet, erst dann kann echte Begegnung stattfinden, in der sich der Mensch nicht hinter einer frommen Maske versteckt, sondern Gott an sich selbst heranläßt, hautnah heranläßt, ohne fromme Umhüllungen.

## 29.

Die Fähigkeit des Gebetes, uns zu tieferer Selbsterkenntnis zu führen, gründet darin, daß es uns mit einer Person, mit Gott konfrontiert. Gebet ist nicht Monolog, nicht Selbstbespiegelung, sondern Gespräch, Begegnung mit einer von mir unabhängigen Person. Das ermöglicht mir einen Standort außerhalb von mir, von dem aus ich mich weit objektiver und umfassender erkennen kann, als wenn ich in bloßer Selbstbeobachtung um mich kreise und nicht von mir loskomme. Der Mensch, der nur auf sich sieht, ist blind gegenüber vielen Seiten seines Wesens: Indem ich im Gebet von mir weg auf Gott sehe, kann ich nun von Gott her auf mich blicken und mich im Lichte Gottes weit besser erkennen.

## 30.

In uns ist ein Ort des Schweigens, ein Ort, in dem Gott in uns wohnt. Dort können uns Menschen nicht verletzen. In diesen inneren Raum dringen die kränkenden Worte nicht vor. Da sind wir ganz bei uns und ganz bei Gott. Von diesem Raum aus können wir vergeben. Denn dieser Raum ist unverletzt geblieben.

## 31.

Das Schweigen unterdrückt die Emotionen und Aggressionen nicht, sondern bändigt sie, bringt Ordnung in sie hinein. Durch das Reden werden die Emotionen immer wieder aufgewirbelt, im Schweigen können sie sich setzen. Ähnlich ist es beim Wein. Bewegt wird der Wein trübe, durch stilles Lagern setzt sich das Trübe und der Wein wird klar.

Diese Fähigkeit des Schweigens, Klarheit in unser Herz zu bringen, beschreibt ein chinesisches Gedicht. Erhart Kästner übersetzt es so: „Wer ist im Stand, das Trübe durch Stille zu klären? Wer kann soviel Stille aufbringen, wie nötig wäre, um das Undurchsichtige zu klären? Also Stille als das Vermögen, welches Trübwasser klar macht."

# September

## ꕤ 1. ꕤ

Wer dankbar auf sein Leben blickt, der wird einverstanden sein mit dem, was ihm widerfahren ist. Er hört auf, gegen sich und sein Schicksal zu rebellieren. Er wird erkennen, daß täglich neu ein Engel in sein Leben tritt, um ihn vor Unheil zu schützen und ihm seine liebende und heilende Nähe zu vermitteln. Versuche es, mit dem Engel der Dankbarkeit durch den kommenden Monat zu gehen. Du wirst sehen, wie Du alles in einem andern Licht erkennst, wie Dein Leben einen neuen Geschmack bekommt.

## ꕤ 2. ꕤ

Der Engel der Dankbarkeit schenkt Dir neue Augen, um die Schönheit in der Schöpfung bewußt wahrzunehmen und dankbar zu genießen, die Schönheit der Wiesen und Wälder, die Schönheit der Berge und Täler, die Schönheit des Meeres, der Flüsse und Seen. Du wirst die Grazie der Gazelle bewundern und die Anmut eines Rehes. Du wirst nicht mehr unbewußt durch die Schöpfung gehen, sondern denkend und dankend. Du wirst wahrnehmen, daß Dich in der Schöpfung der liebende Gott berührt und Dir zeigen möchte, wie verschwenderisch er für Dich sorgt.

## ꟈ 3. ꟈ

Manch einer hat sich in seinem Leben so eingerichtet, daß er nicht mehr offen ist für das Neue, das Er ihm zutraut. Es soll alles beim alten bleiben. Solche Menschen sind oft erstarrt. Du sollst offen sein für die neuen Möglichkeiten, die Er Dir schenken möchte. Das Neue kann sich in Dir nur entfalten, wenn Du dafür offen bist, wenn Du nicht festgelegt bist auf das Alte, wenn Du nicht erstarrst in dem, was Du gerade lebst. Diese Offenheit zeigt sich in der Bereitschaft, neue Ideen aufzunehmen, neue Verhaltensweisen zu lernen, auf immer wieder neue Herausforderungen in der Arbeit, in der Familie, in der Gesellschaft zuzugehen. Offene Menschen sind bereit, im Beruf immer wieder Neues zu lernen, sich auf neue Techniken einzulassen, neue Entwicklungen zuzulassen. Offene Menschen bleiben lebendig und wach.

## 4.

Achtsamkeit ist eine spirituelle Kraft, die meinem Leben neue Würze gibt. Da habe ich das Gefühl, daß ich selber lebe, anstatt gelebt zu werden. Und ich spüre, daß das Leben ein Geheimnis ist, voller Tiefe, voller Lebendigkeit, voller Freude.

## 5.

Achtsamkeit kommt von achten, aufmerken, überlegen, nachdenken. Ich handle überlegt, aufmerksam, bewußt. Ich bin ganz bei dem, was ich tue. Ich weiß um das, was ich tue. In meinem Tun bin ich mit all meinen Sinnen dabei. Da sind der Leib und der Geist in gleicher Weise tätig. Achtsam sein heißt auch, daß ich in jedem Augenblick ganz gegenwärtig bin. Ich spüre das Geheimnis des Augenblicks, das Geheimnis der Zeit, das Geheimnis meines Lebens.

## 6.

Die ersten Gedanken, die man beim Aufstehen hat, beeinflussen einen den ganzen Tag. Daher ist es so wichtig, sich anzugewöhnen, mit positiven Gedanken, mit einem Gebet morgens aufzustehen. Es bringt mich gleich in die richtige Verfassung. Wenn ich mich dagegen ärgere, daß ich schon wieder aufstehen muß, wenn ich grantig werde, weil das Wetter schlecht ist oder wenn ich voll Mißmut an die schwierige Besprechung denke, die mich heute erwartet, dann bin ich für den ganzen Tag in einer schlechten Verfassung. Die negativen Gedanken rauben meine Energie, sie lassen mich den Tag mit einer dunklen Brille anschauen.

## ∞ 7. ∞

Ich bin in meinen Sinnen, in meinem Leib. Ich nehme wahr, was sich in mir regt, aber ohne ängstlich zu grübeln, ob diese oder jene Regung in meinem Leib auf eine Krankheit hinweist. Ich gehe achtsam. Ich bin in meiner Bewegung, in jedem Schritt. Ich spüre meinen Leib, meine Muskeln, meine Haut. Natürlich kann ich nicht jeden Augenblick bewußt leben. Das wäre eine Überforderung. Aber es ist eine gute Übung, täglich einige Zeit bewußt in dieser Achtsamkeit zu leben. Die Achtsamkeit könnte dann auch zu einem kleinen Ritual werden. Ich verlasse achtsam mein Haus, gehe bewußt durch die Straßen, bin in meinen Sinnen und spüre die kalte Luft, den Wind, der mich durchbläst, oder die Sonne, die mich bescheint. Ich genieße jeden Schritt. Ich spüre: Ich gehe jetzt, ich bin ganz in meinem Gehen. Ich bin ganz da.

## ∞ 8. ∞

Der Mensch fühlt so viele Wünsche und Gedanken in sich, die oft beziehungslos nebeneinander liegen. Er kann sie nicht zusammenbinden. So fühlt er sich zerrissen, zerteilt, gespalten. Der Weg aus der Zerrissenheit ist der Weg der Achtsamkeit. Er besteht darin, ganz im Augenblick zu sein, ganz in der Gebärde zu sein, ganz im Atem, ganz in den Sinnen. Wenn ich ganz in meinem Leib, in meinen Sinnen bin und so durch die Natur gehe, dann fühle ich mich mit allem eins, mit der Schöpfung und darin mit Gott und mit allen Menschen, die Teil dieser wunderbaren und geheimnisvollen Schöpfung sind.

## ꟸ 9. ꟹ

Ein anderes Wort für Achtsamkeit ist Sammlung. Wer gesammelt ist, der bringt in sich das Verschiedene und Zerstreute zusammen. Er ist mit sich selbst vereinigt. Er ist eins mit sich, eins mit dem, was er tut. Er läßt sich nicht von den verschiedensten Dingen und Tätigkeiten ablenken. Er bringt alles zusammen. Das Wort Sammlung klingt in allen Worten an, die mit dem Suffix „sam" enden. Der Acht-„same" bringt die Achtung, die Überlegung mit seinem Tun, mit dem Gegenstand, den er berührt, mit dem Augenblick zusammen. Der Behut-„same" verbindet die Hut, den Schutz, mit dem, was er tut. Er breitet über alles, was er tut, seine Fürsorge, seine Obhut, seine Bewachung. Er ist wach bei dem, was er tut. Und das Wort „Sammlung" ist eingegangen in das Wort „sanft".

Sanft ist der, der friedlich zusammen ist mit den Menschen und mit den Dingen, mit denen er umgeht. So führt die Sammlung heraus aus der Zerstreuung, aus der Ablenkung, aus der Unruhe, und hinein in ein gesammeltes, achtsames, sanftes Tun. Wer zusammen ist mit dem, was er berührt, der geht sanft damit um. Wer zusammen ist mit sich selbst, mit seinen verschiedensten Bedürfnissen und Wünschen, mit seinen Leidenschaften und Emotionen, der ist sanft mit sich selbst, der lebt im Frieden zusammen mit den Gegensätzen, die in ihm sind. Und wer beim andern ist, dem er begegnet, der kann nicht grob und hart sein. Wer mit dem andern zusammen ist, wird ihm sanft gegenübertreten.

## 10.

Wenn ich mich selbst mit all meinen Leidenschaften wahrgenommen und angenommen habe, dann höre ich auf, meine unterdrückten Bedürfnisse auf die anderen zu projizieren, meine Befürchtungen und Ängste mir selbst gegenüber in die andern hinein zu verlagern. Wenn ich mich mit meinen Leidenschaften ausgesöhnt habe, dann werden mich auch die andern nicht aus meiner inneren Ruhe herauslocken. Ich bin bei mir zu Hause. Ich bin im Einklang mit mir und meinen Leidenschaften. Nichts Menschliches ist mir fremd. So lasse ich mich nicht so leicht aus der Fassung bringen, wenn mir aggressive oder feindliche Gefühle von andern entgegenkommen. Ich traue selbst dem, der mir übel mitspielt, noch zu, daß er einen guten Kern hat.

## 11.

Ich möchte selbst bestimmen, wie ich lebe und was ich tue. Bestimmen meint: mit der Stimme benennen und festsetzen, anordnen, befehlen. Ich ordne mein Leben selbst. Ich erhebe meine Stimme, um mich nicht den Stimmen anderer unterordnen zu müssen. Ich habe das Recht, selbst zu leben, anstatt von außen gelebt zu werden. Ich darf das Leben, das Gott mir geschenkt hat, selber formen und bilden. Aber zur Stimme gehört immer auch das Hören. Jesus heilt nicht nur die Zunge des Taubstummen, sondern auch seine Ohren, damit er richtig hört. Wer nicht zu hören vermag, kann auch seine Stimme nicht ausformen und „stimmig" erheben. Ich kann die Dinge nicht beliebig bestimmen. Meine Bestimmung muß mit der Realität übereinstimmen. Über mich selbst kann ich nur richtig bestimmen, wenn ich auf die Stimme Gottes höre, wenn ich übereinstimme mit dem einmaligen und einzigartigen Bild, das Gott sich von mir gemacht hat.

## 12.

Alles Große braucht die Stille, um im Menschen geboren zu werden. „Nur im Schweigen vollzieht sich echte Erkenntnis", meint Romano Guardini. Und Johannes Climacus, der Mönch der frühen Kirche sagt: „Das Schweigen ist eine Frucht der Weisheit und besitzt die Kenntnis aller Dinge." Das Schweigen bereitet uns vor, richtig hinzuhören, auf die Zwischentöne zu hören, wenn ein Mensch zu uns spricht. Und das Schweigen ist die Voraussetzung, daß wir Gottes Stimme in unserem Herzen vernehmen. Viele jammern heute, daß sie Gott nicht erfahren, daß Gott ihnen fremd geworden ist. Aber sie sind so voller Lärm, daß sie die leisen Impulse, durch die Gott in ihrem Herzen spricht, überhören.

## 13.

Das deutsche Wort „erkennen" heißt ursprünglich: „innewerden, geistig erfassen, sich erinnern". Ich erkenne mich selbst, indem ich meiner selbst inne werde, indem ich in mich hineingehe und den innersten Kern entdecke. Erkennen hat etwas damit zu tun, daß ich mit meinem Innern in Berührung bin, daß ich nicht nur meine äußere Gestalt wahrnehme, sondern das innerste Selbst, das, was mein wahres Wesen ausmacht. Dieses Innewerden hat mit dem Geist zu tun. Ich kann meinen Kern nicht mit den Händen ertasten. Es braucht den Geist, der des eigentlichen Selbst inne wird, der in das Selbst eintaucht, um es zu erfassen und zu verstehen. Sich selbst erkennen heißt, mich immer wieder zu „erinnern", nach innen zu gehen, in Berührung zu kommen mit mir selbst, mit dem ursprünglichen Bild, das Gott sich von mir gemacht hat. Das Selbst ist nicht etwas, das durch meine Lebensgeschichte entstanden ist. Es ist vielmehr etwas Ursprüngliches, das unverfälschte Bild, das Gott sich von mir gemacht hat.

## 14.

Selbsterkenntnis besteht nicht im vielen Wissen über mich, sondern darin, daß ich mit mir selbst eins werde, daß ich mit meinem wahren Selbst verschmelze, so wie Mann und Frau im sexuellen Akt miteinander verschmelzen und sich darin in ihrem tiefsten Sein erkennen. Ich kann mich selbst nur dann erkennen, wenn ich bereit bin, mich auf mein eigentliches Selbst einzulassen. Ich kann es nicht von außen betrachten. Ich muß eindringen in meinen Kern, dort wohnen, mit ihm in Berührung sein.

## 15.

Es sind vor allem drei Bereiche, die auf dem geistlichen Weg beachtet werden müssen, weil Gott uns darin begegnet und zu uns spricht: unsere Gedanken und Gefühle, unser Leib und unsere Träume. Gott spricht zu uns in seinem Wort, das uns die Heilige Schrift überliefert. Er spricht vor allem auch durch uns selbst, und da sind es eben diese drei Bereiche, die wir beachten sollen, um Gottes Wort für uns persönlich zu vernehmen. Für Evagrius Ponticus gibt es keine echte Gottesbegegnung ohne ehrliche Selbstbegegnung. Spiritualität wird leicht zu einer frommen Flucht vor sich selbst, wenn wir die Selbstbegegnung ausklammern. Indem wir uns selbst begegnen, begegnen wir schon Gott. Und umgekehrt: Sobald wir Gott näherkommen, kommen wir auch uns selbst näher.

## ꕥ 16. ꕥ

Auf alle Erlebnisse reagieren wir mit Gedanken, mit denen wir das Erlebte kommentieren. Aber zugleich reagiert unser Unbewußtes. Es nimmt anderes wahr als unser Verstand und zeigt uns seine Sichtweise oft im Traum. Und zugleich reagiert der Leib. Wir wissen, wie der Leib auf Gefahren reagiert, auf die Aussicht nach einem guten Essen usw. Komplizierter sind die vielen unbewußten Reaktionen unseres Leibes. Sie lassen sich vor allem dort beobachten, wo wir zuwenig bewußt auf Erlebnisse reagieren. Wenn wir z. B. nicht wahrhaben wollen, daß die Situation am Arbeitsplatz unerträglich ist, daß uns der Mitarbeiter ständig verletzt, und wenn wir nicht durch bewußten Widerstand und durch Abgrenzen reagieren, dann übernimmt der Leib die Reaktion. Wir reagieren mit Magenschmerzen, wenn wir uns nicht anders gegen mächtige Menschen wehren können. Ständiger Druck von andern, dem wir nichts entgegensetzen, schlägt sich auf die Leber und macht uns müde und schwach. Unsere Müdigkeit ist dann unsere Abwehr. Das Wahrnehmen der Krankheit sollte aber zu bewußteren Methoden der Abwehr führen, die nicht mehr in der Krankheit münden. Wir brauchen nur unsere Symptome zu befragen, dann sagen sie uns in Bildern, wie es um uns steht.

## ꕥ 17. ꕥ

Ich soll in der Stimme meines Leibes Gott selbst vernehmen, der mich auf meine wirkliche Situation hinweisen und mir die Schritte aufzeigen möchte, die ich auf meinem geistlichen Weg gehen soll. Ich darf dankbar sein, wenn mein Leib ein Resonanzboden für Gottes Stimme ist, die mich davor bewahrt, falsche Wege zu gehen. Wer Gott in seinem Leib nicht zu hören vermag, läuft Gefahr, an seiner Wahrheit vorbei zu leben und sich heillos zu verrennen.

## ஐ 18. ஐ

In den Extremformen der Sucht erkennen wir sofort, daß Essen und Trinken körperlich und seelisch gleichermaßen zugrunderichten. Die Beziehung zum Essen ist heute bei vielen Menschen gestört. Immer mehr leiden entweder an Eßsucht oder Magersucht. Die Sucht geht nicht nur den Leib etwas an, sie schadet auch der Seele. In der Eßsucht versucht man jeder Schwierigkeit aus dem Weg zu gehen. Mit Essen stopft man sich zu, um Ärger, Enttäuschung und Einsamkeit nicht spüren zu müssen. Aber dieses Zustopfen führt zu einer ewigen Flucht und zur permanenten Enttäuschung über sich selbst. Der Süchtige muß sich der Realität seines Lebens und seinen Bedürfnissen stellen. Er muß seine verdrängten Sehnsüchte zulassen.

Da die Sucht immer auch eine Flucht vor Gott ist, der mich in diese Realität gestellt hat, verlangt der Kampf gegen die Sucht auch eine geistliche Umorientierung. Ich muß mich aussöhnen mit meinem Gott, der mir eine Welt zumutet, die nicht alle meine Wünsche erfüllt. Und da Sucht häufig Muttersatz ist, drängt sie mich, in Gott und in mir selbst Geborgenheit zu suchen, bei mir selbst daheim zu sein, weil Gott selbst, das Geheimnis, in mir wohnt.

## 19.

Die Formlosigkeit macht krank. Wer ohne äußere Ordnung lebt, gerät auch innerlich in Unordnung. Wer keine Rituale mehr kennt, sondern sich einfach nach Lust und Laune gehen läßt, zerfließt innerlich. Alles fällt auseinander. Es gibt keine Klammer mehr, die das Widerstrebende zusammenhält, keine Form, in der etwas wachsen kann.

Die Haltlosigkeit drückt sich oft im Leib aus, in einem Sichhängenlassen, Sichgehenlassen. Die Formlosigkeit ist oft auch von einer Traditionslosigkeit begleitet. Man lebt, als ob man keine Wurzeln mehr hätte. Und so kann auch nichts wachsen. Das Eingebundensein in eine gesunde Tradition ist für das Finden einer gesunden Identität entscheidend. Ohne Wurzeln verdorrt ein Baum, verkümmert ein Mensch.

## 20.

Es ist nicht gleichgültig, in welcher Umgebung ich lebe. Die Alten hatten in ihrem Wohnungsbau noch ein gesundes Gespür dafür, wo es sich gut leben läßt. Wir hängen nicht nur in unserer Gesundheit, sondern auch in unserem seelischen Wohlbefinden ab vom Klima, von der Landschaft, von den Wohnverhältnissen. Wir sollen auf Gottes Schöpfungsordnung schauen und uns das Leben so einrichten, daß wir gesund an Leib und Seele leben können.

## 21.

Warum arbeite ich soviel, warum hetze ich mich ab, ohne noch Zeit für mich zu finden? Warum, wieso, wozu, für was, für wen? Diese Fragen tauchen in der Lebensmitte immer häufiger auf und verunsichern das bisherige Lebenskonzept. Die Frage nach dem Sinn ist schon eine religiöse Frage. Die Lebensmitte ist wesentlich eine Sinnkrise und damit eine religiöse Krise. Und sie birgt in sich zugleich die Chance, einen neuen Sinn für sein Leben zu finden.

## 22.

Für mich ist das milde Herbstlicht immer ein Bild für einen Menschen, der auf sich selbst, auf seine Fehler und Schwächen, aber auch auf die Menschen und ihre Menschlichkeiten mit einem milden Blick sieht. Mit seinem milden Blick taucht er seine eigene Wirklichkeit und die der Menschen um sich herum in ein mildes Licht. Im milden Herbstlicht wird alles schön. Da leuchten die bunten Blätter am Baum in ihrer ganzen Schönheit. Da ist aber auch der dürre Baum schön. Da bekommt alles seinen eigenen Glanz. Ich kenne alte Menschen, von denen so eine Milde ausgeht. In ihrer Nähe bin ich gerne. Mit ihnen unterhalte ich mich gerne. Da geht eine Erlaubnis aus, daß ich so sein darf, wie ich bin, und eine Zustimmung: „Es ist doch alles gut." Das Leben hat diese alten Menschen oft hin- und hergeschüttelt. Sie sind durch Höhen und Tiefen gegangen. Aber jetzt im Herbst ihres Lebens schauen sie mit einem milden Blick auf alles. Es ist ihnen nichts Menschliches fremd geblieben. Aber sie verurteilen nichts. Sie lassen es im milden Herbstlicht leuchten, so wie es halt geworden ist.

## 23.

Ein Risikofaktor unserer Zeit ist der Lärm und das Überangebot von akustischen und optischen Reizen. Die akustische Umweltverschmutzung läßt uns nicht mehr in die heilsame Stille gelangen. Überall erreicht sie uns. Und überall dringen Bilder auf uns ein. Gegen diese Flut von Wort und Bild setzt Benedikt das Heilmittel des Schweigens. In der Stille kann der Mensch zu sich finden, kann er sich befreien von dem Lärm seiner Gedanken und zu dem Ort vorstoßen, an dem Gott selbst in ihm wohnt, zu dem Ort, an dem die Probleme und Sorgen des Alltags keinen Zutritt haben. Von diesem Ort des reinen Schweigens aus kann der Mensch heil werden. Da kommt er in Berührung mit seinem wahren Kern.

## 24.

Beten ohne Zerstreuung ist für Evagrius das Ziel unseres Lebens. Es führt uns zu einer tiefen Weisheit und Liebe und „zu den Höhen der Wirklichkeit“. Doch dieses Ziel erreichen wir nicht, wenn wir nur unsere Zerstreuungen anschauen und sie bekämpfen. Die Bilder in unserem Inneren müssen verwandelt werden. Aber das verlangt eben einen ehrlichen Umgang mit den Träumen, ein Miteinander von Gedankenbeobachtung und Achten auf die Träume. Nur so ist in uns jene Apatheia erreichbar, von der Evagrius meint, daß wir darin ganz auf Gott ausgerichtet sind und von Gottes Liebe und Frieden durchdrungen werden. Wir können in Gott nur still werden, wenn er zuvor unser Bewußtsein und unser Unterbewußtsein gereinigt und geheilt hat. So ist die Beachtung der Träume ein wichtiges Element auf dem kontemplativen Weg, der uns immer mehr zu Gott und in Gott hinein führen möchte.

## 25.

Wir leben nicht nur in einer gottlosen, sondern auch in einer ichlosen, in einer selbst-losen Wirklichkeit. In den Träumen bricht die geistige Wirklichkeit in unser Leben ein. Und es ist nicht von vornherein gesagt, daß die Träume unwirklicher seien als das, was wir im Bewußten wahrnehmen. Im Traum kann Gott einbrechen, sich zu Wort melden. Im Traum kommen Bilder hoch, die scheinbar nichts mit unserer bewußten Wirklichkeit zu tun haben, die uns aber gerade das Wesen dieser Wirklichkeit enthüllen. Sie zeigen uns die Welt und unser Leben von einer ganz andern Seite her. Und die Alten meinten nicht zu Unrecht, daß im Traum Gott zu uns spreche. Denn da verstellen wir Gottes Worte nicht mehr mit unseren eigenen, da können wir Gott nicht mehr in eine Rolle drängen, sondern er ist der Handelnde und wir die Zuschauer.

## 26.

Der Traum in der Bibel hat eine zweifache Bedeutung. Einmal enthüllt er mir die Wahrheit über mich und über andere Menschen, über meinen persönlichen Zustand und über das Geheimnis meines Lebens, aber auch über die politische und religiöse Situation des Volkes oder eines einzelnen Menschen. Der Traum korrigiert und ergänzt meine bewußte Sicht, aber er eröffnet auch ganz neue Horizonte. Er läßt die Wirklichkeit in ihrem wahren Licht erscheinen. Gott zeigt mir dann im Traum die Wahrheit, er zieht den Schleier weg, der über der Wirklichkeit liegt. Aber der Traum ist auch Ort direkter Gottesbegegnung. Gott sendet nicht nur Botschaften über die Wirklichkeit, sondern er tritt uns entgegen, er kämpft mit uns wie im nächtlichen Ringen mit Jakob (Gen 32,23–33) und er gibt sich selbst zu erkennen, er erscheint in Visionen und läßt sich in den Bildern des Traumes schauen.

## 27.

Träume legen nie fest. Sie zeigen uns unsere Situation und mögliche Gefahren, damit wir wachsam werden und die Gefahr beachten und so vermeiden. Auch Gefahrenträume sind hilfreich. Sie wollen uns nicht in Panik geraten lassen, sondern das Steuer in uns herumreißen, damit wir nicht in den Abgrund fahren. Es kommt nur darauf an, daß wir die Träume umsetzen in unser Leben.

## 28.

Die Frage ist, wie ich zu dem Punkt vorstoßen kann, an dem ich wirklich Ich sagen kann. Ein Weg besteht darin, einfach immer wieder zu fragen: Wer bin ich? Dann werden mir spontan Antworten oder Bilder kommen. Und zu jeder dieser Antworten sage ich dann: Nein, das bin ich nicht, das ist nur ein Teil von mir. Ich bin nicht der, für den mich meine Freunde halten, ich bin nicht der, für den ich mich selbst halte. Ich bin nicht identisch mit der Rolle, die ich bei Bekannten spiele und nicht mit der Maske, die ich mir bei Fremden überstülpe. Ich kann beobachten, daß ich mich anders in der Kirche gebe als in der Arbeit, anders daheim als in der Öffentlichkeit. Wer bin ich wirklich? Ich bin auch nicht identisch mit meinen Gefühlen und Gedanken. Die Gedanken und Gefühle sind in mir, aber das Ich geht nicht in ihnen auf, es ist jenseits allen Denkens und Fühlens zu suchen. Wir können dieses Ich nicht definieren und festhalten. Aber indem wir immer tiefer in uns hineinfragen, werden wir eine Ahnung von dem Geheimnis des eigenen Ich bekommen.

## ꧁ 29. ꧂

Ich, das ist mehr als sich von anderen zu unterscheiden, mehr als der bewußte Personkern, mehr als das Ergebnis meiner Lebensgeschichte. Das Ich heißt: Ich bin von Gott bei meinem Namen gerufen, mit einem unverwechselbaren Namen. Ich bin ein Wort, das Gott nur in mir spricht. Mein Wesen besteht nicht in meiner Leistung, nicht in meinem Wissen, auch nicht in meinem Fühlen, sondern in dem Wort, das Gott nur in mir spricht und das nur in mir und durch mich in dieser Welt vernehmbar werden kann. Sich selbst begegnen heißt daher, eine Ahnung von diesem einmaligen Wort Gottes in mir zu bekommen. Gott hat schon durch meine Existenz gesprochen, er hat sein Wort in mir gesagt. Beten als Selbstbegegnung heißt, in seinem innersten Geheimnis Gott zu begegnen, der mich in mir selbst angesprochen und sich in mir ausgesprochen hat.

## ꧁ 30. ꧂

Es gibt in uns einen Bereich, in dem wir schon lauter sind. Dort stimmen wir überein mit unserem wahren Sein. Dort sind wir im Einklang auch mit Gott. Dort reden und handeln wir ohne Nebenabsichten. Der Engel der Lauterkeit möge Dich davor bewahren, Dich nur schlecht zu machen. Dein innerster Kern ist gut. Er ist lauter und rein. Trau Deiner Lauterkeit und freue Dich daran, wenn Du spürst, daß manche Deiner Worte wirklich lauter gemeint sind, daß manche Deiner Absichten lauter sind und daß Du manches tust, ohne nach der Wirkung zu fragen.

# Oktober

## ꕤ 1. ꕤ

Damit das Miteinander gelingen kann, braucht es das Aushalten der gesunden Spannung zwischen Nähe und Distanz, zwischen Alleinsein und Gemeinschaft, zwischen Liebe und Aggression, zwischen Streiten und Sichversöhnen, zwischen Konfrontieren und Ertragen, zwischen Reden und Schweigen, zwischen Trennung und Einssein. Ich erlebe oft, wie Menschen heute die beiden Pole nicht aushalten können. Sie möchten am liebsten immer nur Nähe, immer nur Liebe, immer nur Gemeinschaft. Aber damit verhindern sie die Erfahrung einer Einheit, die auf Dauer trägt. Wer immer eins sein will, wird es nie sein. Wer die Spannung von Einheit und Trennung annimmt, der wird immer wieder Augenblicke des Einssein erleben dürfen. Wer aber mit seinem Partner ununterbrochene Einheit spüren möchte, der wird sie immer weniger erfahren.

## ꕤ 2. ꕤ

Unsere Freiheit ist immer auch begrenzt. Wir sind nicht Gott, der aus dem vollen schöpfen kann. Wir können uns nicht jedem Menschen frei zuwenden, sonst sind wir irgendwann am Ende unserer Kraft, sonst überfordern wir uns selbst. Wir müssen in aller Demut unsere Grenzen anerkennen, innerhalb derer wir uns vorbehaltlos andern zuwenden können. Allerdings gibt es heute auch genügend Menschen, die vor lauter Sichselbstabgrenzung ständig in der Angst leben, sie könnten einmal zu schnell ja sagen, wenn jemand sie braucht, sie könnten sich überfordern, sie könnten ausgenützt werden und ausbrennen. Wer wirklich frei ist, der kann sich in aller Freiheit auf den andern einlassen, ohne ständige Angst, daß er selbst dabei zu kurz kommt, daß er nicht genügend Kraft hat, um zu helfen. Die wahre innere Freiheit macht mich auch frei für den Einsatz für andere.

## ꕤ 3. ꕤ

Viele Menschen haben heute Angst vor dem Alleinsein. Sie fühlen sich nicht, wenn sie allein sind. Sie brauchen ständig andere Menschen um sich, um sich überhaupt am Leben zu fühlen. Aber das Alleinsein kann auch ein Segen sein.

In der Einsamkeit spüre ich, was mein Menschsein eigentlich ausmacht, daß ich an allem teilhabe, am All der Schöpfung, letztlich an dem, der alles in allem ist. Wenn Dich der Engel des Alleinseins in diese grundlegende Erfahrung Deines Menschseins hineinführt, dann schwindet in Dir alle Angst vor Einsamkeit und Alleingelassenwerden. Denn Du spürst, daß Du dort, wo Du allein bist, mit allem eins bist. Dann erfährst Du Dein Alleinsein nicht als Vereinsamung, sondern als Heimat, als Daheimsein. Daheim sein kann man nur, wo das Geheimnis wohnt.

## ꕤ 4. ꕤ

Der narzißtische Selbstgenuß wird irgendwann einmal schal. Wenn Du Deine Zeit mit anderen teilst, wirst Du oft genug erleben, wie sie eine erfüllte Zeit wird. Manchmal denkst Du, Du hast noch so viel zu tun. Du brauchst die Zeit für Dich. Natürlich brauchst Du auch genügend Zeit für Dich. Nur muß es immer wieder Zeiten geben, die Du mit anderen teilst. Wenn Du Deine Zeit mit einem Bruder oder einer Schwester teilst, obwohl Du eigentlich keine Zeit hast, kannst Du Dich manchmal beschenkt fühlen. Du erlebst, wie die geteilte Zeit Dich mit neuen Ideen und neuer Lebendigkeit erfüllt.

## ꕥ 5. ꕥ

Zulange hat man im Christentum immer nur gefordert, den Nächsten zu lieben. Und man hat den Zusatz Jesu vergessen, daß wir ihn so lieben sollten wie uns selbst. Wir können den Nächsten nur lieben, wenn wir auch gut mit uns selbst umgehen. Manche möchten mit ihrer Nächstenliebe nur ihr schlechtes Gewissen beruhigen. Andere gönnen sich nichts. Sie haben Angst, ihre Bedürfnisse einzugestehen und zu leben. Bei ihnen wird die Nächstenliebe nur zu einer Ideologisierung ihrer autoaggressiven Haltung, daß sie sich ja nichts gönnen dürfen. Solche Formen von Nächstenliebe helfen dem andern nicht wirklich. Wer Opfer solcher Nächstenliebe wird, der fühlt sich vereinnahmt, als Objekt behandelt. Er hat das Gefühl, daß er dafür zeit seines Lebens dankbar sein muß, daß er abhängig bleibt von dem, der ihm einmal geholfen hat.

## ꕥ 6. ꕥ

Du wirst Dir und Deinen Bedürfnissen gerecht, wenn Du auf sie hörst und sie beachtest und wenn Du zwischen Pflicht und Wunsch einen Weg findest, der beiden Polen Rechnung trägt. Gerecht werden hat auch mit ausgleichen zu tun. Ich muß einen gerechten Ausgleich zwischen den verschiedenen Interessen finden, die in meinem eigenen Innern gegeneinander stehen. Und ich muß Gerechtigkeit walten lassen zwischen den gegensätzlichen Interessen der Menschen in einer Gemeinschaft oder in der ganzen Welt. Gerecht ist eine Lösung, die allen zugute kommt, mit der alle gut leben können.

## 7.

Gehorchen kommt von horchen, hören, aufmerksam zuhören. Gehorsam verlangt, daß ich auf Gottes Stimme in mir selbst höre. Gott spricht zu mir in meinen Gefühlen und Leidenschaften, in meinen Konflikten und Problemen, in meinen Träumen, in meinem Leib und in meinen Beziehungen. Da muß mir der Engel des Gehorsams zu Hilfe kommen, damit ich Gottes Stimme in meinen Träumen vernehme. Aber es genügt nicht, auf den Traum nur zu hören. Ich muß auch auf Gottes Stimme antworten und gehorsam das tun, was ich als Gottes Stimme erkannt habe. Oder was will Gott mir in meinen Krankheiten sagen, in meinen Rückenschmerzen, in meinen Magengeschwüren, in meinem Kopfweh? Gehorsam heißt, daß ich nicht nur einfach zuhöre, sondern auch die Konsequenzen daraus ziehe. In der Krankheit fordert mich Gott auf, meinen Lebensstil zu ändern, besser auf meinen Leib und meine Gefühle zu hören und im Einklang mit der inneren Stimme zu leben.

Gehorsam hat nichts damit zu tun, daß ich Gebote befolge. Ich kann nicht auf ein Gebot horchen, sondern immer nur auf eine Person. Und die eigentliche Person, der ich Gehorsam schulde, ist Gott. Aber mit Gott schulde ich auch mir selbst Gehorsam. Ich muß auf mich hören, auf meine Lebensgeschichte, auf meine Stärken und Schwächen, damit ich das Bild lebe, das Gott sich von mir gemacht hat. Gehorsam heißt, daß ich in Übereinstimmung mit meiner eigenen Wahrheit lebe, daß ich nicht in ständiger Opposition zu meiner Wirklichkeit stehe, sondern mich aussöhne mit mir, so wie ich geworden bin. Gehorsam heißt daher, ja sagen zu mir selbst, mich selbst und die Wirklichkeit meines Lebens anzunehmen.

## 8.

Zuverlässigkeit ist etwas anderes als die Angst vor Fehlern, die sich bei der Arbeit einschleichen könnten. Zuverlässigkeit hat etwas mit Freiheit und mit Vertrauen zu tun. Ich bin frei für die Arbeit, die ich gerade tue. Ich lasse mich darauf ein. Ich bin mit meinem ganzen Denken und Fühlen bei der Arbeit. Sie macht mir Spaß. Ich erledige sie gut. Dann fühle ich mich selbst gut. Und bei dem, der mir die Arbeit anvertraut hat, wächst das Vertrauen. Er fühlt sich auch frei. Er muß nicht darüber nachgrübeln, ob er mir auch alles genau erklärt und mich auf alle Probleme aufmerksam gemacht hat. Er weiß, daß er sich auf mich verlassen kann.

## 9.

Wir sind ständig damit beschäftigt, uns mit andern zu vergleichen. Damit wir selber bei diesem Vergleich gut abschneiden, setzen wir den andern herab. Wir entdecken in seinem Tun falsche Motive, eigensüchtige Absichten. Ohne daß wir uns dessen bewußt sind, urteilen wir ständig über die Menschen, denen wir begegnen. Unser urteilender Verstand redet ununterbrochen in uns. Wenn wir darauf verzichten würden, die andern immer gleich einzustufen, zu beurteilen oder gar zu verurteilen, dann könnte uns das zu innerer Ruhe führen.

Wenn der Altvater (Agathon) etwas sah und sein Herz über die Sache urteilen wollte, sprach er zu sich: „Agathon, tu das nicht!" Und so kam sein Denken zur Ruhe.

## 10.

Wir müssen uns damit aussöhnen, daß in uns nicht nur Liebe ist, sondern auch Haß, daß trotz allen religiösen und moralischen Strebens auch mörderische Tendenzen in uns sind, sadistische und masochistische Züge, Aggressionen, Wut, Eifersucht, depressive Stimmungen, Angst und Feigheit. In uns ist nicht nur eine spirituelle Sehnsucht, sondern sind auch gottlose Bereiche, die gar nicht fromm sein wollen. Wer sich dem eigenen Schatten nicht stellt, der projiziert ihn unbewußt auf andere. Er gibt die eigene Disziplinlosigkeit nicht zu und sieht sie nur bei den andern. Dann schimpft er über den Ehepartner, den Freund, den Mitarbeiter, die ihr Leben nicht konsequent leben und sich zu sehr gehen lassen. Den Schatten annehmen heißt nicht, ihn einfach auszuleben, sondern zuerst einmal, ihn sich einzugestehen. Das verlangt Demut, den Mut, herabzusteigen vom hohen Idealbild, sich hinabzuneigen in den Schmutz der eigenen Realität. Das lateinische Wort für Demut, humilitas, meint, daß wir unsere eigene Erdhaftigkeit, den humus in uns, annehmen.

## 11.

Wenn wir das Böse wieder mit Bösem vergelten, dann gibt es eine unendliche Kette von Verletzung und Wiedervergeltung. Jede verletzende Tat wird dann mit einer neuen Verletzung beantwortet. So wird die menschliche Gesellschaft immer verletzter, immer kränker, immer zerrissener. Jesus ruft uns auf, andere Verhaltensweisen auszuprobieren, die für das Miteinander in unserer Welt dienlicher sind. Es sind keine Gesetze, die er da aufstellt, sondern er beschreibt Situationen, in denen wir andere Möglichkeiten des Verhaltens einüben können. Er ruft uns dazu auf, Phantasie zu entwickeln, um dem Rad der Wiedervergeltung zu entrinnen.

## 12.

Wir müssen uns zuerst aussöhnen mit all dem Feindseligen, das wir in unserer Seele vorfinden, mit den aggressiven und mörderischen Tendenzen, mit dem Neid und der Eifersucht, mit der Angst und der Traurigkeit, mit den Trieben und der Gier in uns. Und die Liebe zum Feind in uns ist oft schwerer als die Liebe zum Feind außerhalb von uns.

## 13.

Wenn ich einem andern mit bösen Worten und einem feindseligen Blick begegne, dann werde ich in ihm das Böse hervorlocken. Er wird mir genauso feindselig gegenüber treten. Wenn ich aber gütig zu ihm bin und ihn mit gütigen Worten anspreche, dann wird der andere in Berührung kommen mit dem Guten, das auf dem Grunde seiner Seele vorhanden ist, das aber oft genug von den Verletzungen verdeckt wird. Wir sind ein Stück weit auch für das Verhalten des andern verantwortlich. Wir können in ihm Leben oder Tod hervorlocken, das Gute oder das Böse.

## 14.

Auch wenn wir nicht viel von Vergebung sprechen, so begegnet jeder in Augenblicken der Stille doch einer Reihe von Menschen, denen er noch nicht vergeben hat. Sie sind wie eine unbewältigte Last, die sie mit sich herumschleppen. Wenn sie diese Last nicht in der Vergebung loslassen, dann werden sie davon niedergedrückt, depressiv oder reagieren mit einer Krankheit darauf, die sie sich nicht erklären können. Daher sind wir es uns und unserer Gesundheit schuldig, daß wir uns öfter einmal Zeit nehmen und uns fragen, ob es da noch Menschen gibt, denen wir noch nicht vergeben haben oder denen wir noch nicht vergeben können.

## 15.

Das Urteilen über die andern macht uns nicht nur unruhig, sondern auch blind für unsere eigenen Fehler. Das Schweigen im Blick auf andere läßt uns den Mechanismus der Projektion durchschauen, in der wir unsere Fehler in den andern verlagern und somit unfähig werden, sie bei uns zu entdecken. In einem Väterspruch wird das geschildert: In der Sketis war eine Versammlung wegen eines abgefallenen Bruders. Die Altväter sprachen, nur Abbas Pior schwieg. Hernach stand er auf, nahm einen Sack, füllte ihn mit Sand und trug ihn auf der Schulter. In einem Körbchen trug er ganz wenig Sand vor sich her. Die Väter fragten ihn, was das bedeute, und er antwortete: „Dieser Sack mit dem vielen Sand, das sind meine Sünden. Und ich habe sie hinter mich getan, damit sie mir nicht zu schaffen machen und ich darüber weine. Und siehe, die wenigen Fehler meines Bruders, die sind vor mir, und ich mache viele Worte, ihn zu verurteilen. Es ist nicht in Ordnung, so zu tun, vielmehr sollte ich meine eigenen vor mir tragen und über sie nachdenken und Gott bitten, mir zu verzeihen."

## 16.

Schweigen ist für die Mönche wesentlich Verzicht auf das Urteilen. Es bezieht sich dabei nicht bloß auf die gesprochenen Worte, sondern ebenso auf unser inneres Reden.

Spruch des Altvaters Poimen: „Da ist ein Mensch, der scheint zu schweigen, aber sein Herz verurteilt andere. Ein solcher redet in Wirklichkeit ununterbrochen. Und da ist ein anderer, der redet von der Frühe bis zum Abend, und doch bewahrt er das Schweigen, das heißt, er redet nichts Nutzloses."

## ꙮ 17. ꙮ

Sprechen soll Ausdruck unserer Liebe und Güte zu den Menschen sein. Das kann es aber nur, wenn wir redend nicht uns selbst in den Mittelpunkt stellen, wenn wir im Reden uns den andern nicht vom Hals halten wollen, sondern wenn wir frei von aller Selbstsucht offen sind für den andern und seine Bedürfnisse. Dann wird das Wort zum Dienst der Liebe an dem, der auf ein Wort wartet, das ihn aufrichtet oder erheitert.

## 18.

Im Schweigen schauen wir nicht auf die andern, sondern auf uns und konfrontieren uns mit dem, was wir bei uns entdecken. Weil wir die Voraussetzungen nicht kennen, unter denen der andere so handelt, verbieten wir uns jedes Urteil und lassen statt dessen das Verhalten des andern unser eigenes deuten. Der Fehler des andern wird zu einem Spiegel, in dem wir die unseren klarer erkennen.

## 19.

Ob einer schweigen kann, das zeigt sich nicht an der Menge seiner Worte, sondern an der Fähigkeit loszulassen. Manchmal verweigert sogar einer, der äußerlich schweigt, dieses Loslassen, um das es im Schweigen eigentlich geht. Er zieht sich auf sein Schweigen zurück, um unangreifbar zu sein oder um dem Kampf des Lebens auszuweichen, um an sich und seinem Idealbild von sich festhalten zu können. Für manche ist das Schweigen eine Regression, ein Rückzug in die Verantwortungslosigkeit des Mutterschoßes. Diese Gefahr besteht vor allem für junge Menschen, die zu früh sich dem Schweigen als dem alleinigen Weg verschreiben wollen. Sie möchten sich im Schweigen weiter geborgen fühlen, sie weigern sich, sich vom Kampf des Lebens ihre Traumbilder zerstören zu lassen. So wird das Schweigen zu einem hartnäckigen Festhalten an sich selbst. Wer redet, setzt sich immer den andern aus, er bietet eine Angriffsfläche, seine Worte können kritisiert, lächerlich gemacht werden. Er kann sich mit seinen Worten blamieren. Manch einer schweigt aus innerem Stolz heraus, um sich in seinen Worten keine Blöße zu geben. Er kann sich und das Bild seiner Vollkommenheit nicht loslassen. Es wäre besser für ihn, wenn er das Risiko einginge, sich im Sprechen auch einmal zu blamieren.

## ꙮ 20. ꙮ

Für die heilende Bedeutung des Sichaussprechens haben wir heute viel Verständnis. Gerade weil viele Menschen heute unfähig zu echter Kommunikation sind, müssen sie es wieder lernen, sich auszusprechen und darin Befreiung von inneren Spannungen zu erfahren. Für viele ist es ein Problem, daß sie über das, was sie im Tiefsten verletzt, nicht sprechen können. Sie schlucken alles hinunter, fressen den Ärger, den Schmerz, die Enttäuschung in sich hinein, werden innerlich verbittert und bekommen Magengeschwüre davon. Für sie wäre es wichtig, zu lernen, über sich und ihre Verwundungen zu sprechen.

## ꙮ 21. ꙮ

Wenn ich jedem Problem ausweiche, werde ich nie eine Lösung finden. Wenn ich meiner Zerrissenheit nachgebe und mich bald hierhin und bald dorthin wende, werde ich immer mehr auseinander gerissen. Ich muß es bei mir selbst aushalten, auch wenn das noch so beschwerlich ist. Ich muß der Unruhe auf den Grund gehen. Dann werde ich auf die Illusionen stoßen, die ich mir vom Leben zurecht gemacht habe, auf meine übertriebenen Ansprüche, auf infantile Größenphantasien. Und wenn ich sie erkenne und sie als das entlarve, was sie sind, als Steckenbleiben in der Infantilität, dann kann ich mich langsam aussöhnen mit mir und meiner Situation. Wenn ich geduldig bei mir selbst bleibe und es bei mir aushalte, dann fügen sich die auseinanderstrebenden Kräfte in mir wieder zusammen, dann werde ich wieder eins, dann finde ich meine Mitte wieder.

## 22.

Durch das Gespräch wächst Nähe zwischen zwei Partnern. Sie können ihren Streit schlichten und Frieden stiften. Die intensivste Nähe ist dann der Kuß, der das Einverstandensein mit dem andern besiegelt. In der Versöhnung kommen sich aber nicht nur Menschen nahe, sondern auch Gott und Mensch. Und der Mensch kann sich mit sich selbst aussöhnen und sich selbst küssen. Das lateinische Wort für versöhnen „reconciliare“ bedeutet: „wieder herstellen, wieder vereinigen, eine Zusammenkunft wieder ermöglichen“. Es zielt also vor allem auf die wieder hergestellte Gemeinschaft zwischen den Menschen und zwischen Gott und den Menschen. Es gibt keine Versöhnung ohne Vergebung. Und die Vergebung zielt letztlich auf ein neues versöhntes Miteinander.

## 23.

Wir dürfen uns nicht auf das fixieren, was wir uns in den Kopf gesetzt haben. Wir müssen die Augen öffnen für die Engel, die sich uns in den Weg stellen und uns am Weitergehen hindern. So ein Engel kann im Widerstand des Ehepartners oder der Kinder in Erscheinung treten. Er kann sich in der Weigerung von Mitarbeitern zeigen, unsere Weisungen zu befolgen. Statt den Widerstand mit Gewalt zu brechen, sollten wir lieber genau hinhören, ob sich da nicht ein Engel in den Weg stellt, der uns vor Fehlentscheidungen bewahren möchte, der uns davor warnt, zu schnell voranzugehen, weil der Weg zu abschüssig ist.

## ꟷ 24. ꟷ

Wenn Du richtig hinhörst, wirst Du nicht nur die Worte hören, die Dich provozieren, sondern auch die Zwischentöne, die mitschwingen, die Sehnsucht und den Schrei nach Zuwendung. Dann wirst Du anders reagieren. Wenn Du die kritischen Worte sofort auf Dich beziehst und Dich rechtfertigen und verteidigen möchtest, dann hast Du schon verloren. Dann hörst Du nicht richtig. Du bist nicht besonnen. Du bist nicht in Deinen Sinnen, sondern nur in Deinen Emotionen. Und dann bestimmt der andere Dich. In Deinen Sinnen sein heißt auch, wirklich hinschauen, was Du siehst. Vielleicht siehst Du hinter der fröhlichen Fassade die tiefe Traurigkeit. Oder Du siehst ein Lächeln, obwohl der andere von seinen Enttäuschungen und Verletzungen erzählt. Was Du siehst, gibt Dir die Möglichkeit, angemessen zu reagieren.

Besonnen sein heißt auch, auf die inneren Sinne hören. Du kommst in eine Gesprächsrunde und fühlst Dich unwohl. Du begegnest einem Menschen, der Dir Komplimente macht. Aber Du hast ein ungutes Gefühl. Der andere schlägt Dir ein Geschäft vor, das sehr vernünftig klingt. Aber in Deinem Magen spürst Du, daß da etwas nicht stimmen kann. Dann vertrau Deinem inneren Sinn. Setze Dich nicht unter Druck, daß Du Dich dem anderen mit Argumenten erklären mußt. Du mußt gar nichts erklären und gar nichts rechtfertigen. Trau Deinem inneren Sinn.

## ꢂ 25. ꢂ

Heute besteht die Sucht, den vermeintlich Großen in den Schmutz zu ziehen. Der Minderwertige kann es nicht aushalten, daß es echte menschliche Größe gibt. Also muß er die Schwächen ausspionieren, um sich selbst zu beweisen, daß es keine menschliche Größe geben kann, um sich in seiner Banalität zu rechtfertigen. Ehrfurcht hat es dagegen mit Größe zu tun. In der Ehrfurcht lasse ich das Große gelten, freue mich daran. Und indem ich mich daran freue, bekomme ich selbst an der Größe des Bestaunten Anteil. Ehrfurcht gibt es aber nicht nur vor dem Großen, sondern auch vor dem Kleinen, vor dem Wehrlosen, vor dem Verwundeten. Die Ehrfurcht erkennt die göttliche Würde, die gerade auch im entstellten Antlitz eines Gefolterten aufleuchtet. Wer die Wehrlosigkeit eines Menschen ausnützt, ist schamlos. Er erniedrigt den Menschen. Die Ehrfurcht erhöht den Menschen. Sie gibt ihm den Raum, in dem er in Freiheit seine eigene Würde entdeckt und sich aufrichten kann.

## ℘ 26. ℘

Die römische Besatzungsmacht hatte das Recht, jeden Juden zu zwingen, eine Meile mitzugehen, um den Weg zu zeigen oder eine Last zu tragen. Diesem Recht mußten die Juden sich beugen. Sie taten es nur zähneknirschend. Und während ein Jude dem Römer seine Koffer trug, wuchs in seinem Herzen der Haß. Die Feindschaft wurde so nur noch vertieft. Jesus sagt nun, statt einer Meile sollten wir zwei gehen. Wir sollten den Römer auf unserem gemeinsamen Weg für uns gewinnen. Wir sollten uns willig anbieten und mit ihm ins Gespräch kommen. Dann werden wir uns nach zwei Meilen als Freunde trennen. Wir sollen den Haß durch die Liebe, das Böse durch das Gute besiegen. Nur das heilt den Riß der menschlichen Gemeinschaft. Nur durch solch überraschendes Handeln, das die vertraute Ebene von Sieg und Niederlage, von Recht und Rechthabenwollen überspringt und von einer anderen Ebene aus mit dem Nächsten umgeht, wird die Zerrissenheit der Menschen untereinander geheilt.

## ℘ 27. ℘

Wenn wir im andern eine Sehnsucht nach dem Guten entdecken, werden in uns auch positivere Gefühle hochkommen. Lieben bedeutet, den andern so zu behandeln, daß wir seine Sehnsucht nach dem Guten ernst nehmen, daß wir das Gute in ihm immer mehr hervorlocken, daß wir dazu beitragen, daß das Gute in ihm das Krankhafte und Unheile, das Böse und Dunkle immer mehr überwindet, so daß der ganze Mensch gut wird. Lieben heißt den andern gut machen, ihn immer mehr in einen guten Menschen verwandeln.

## 28.

Das Danken für den Mitmenschen ist nicht bloß für uns eine Hilfe, den anderen lieben zu lernen, es ist vielmehr auch ein Segen für den anderen. Die Erfahrung zeigt, daß schwierige, ja feindselige Mitmenschen sich positiv verändern können, wenn man anfängt, für sie zu danken. Wenn wir auf ihre Feindseligkeiten, auf ihre Sticheleien und Aggressionen selber aggressiv reagieren, so entsteht ein heilloses Durcheinander. Die Beziehungen werden hoffnungslos verfahren. Und es geht nur noch darum, wer mit seinen Sticheleien die Oberhand gewinnt und Sieger bleibt. Im Danken verlassen wir die Ebene von Sieg und Niederlage, die Ebene, auf der Aggression mit Aggression, Ablehnung mit Ablehnung beantwortet wird.

Wenn ich den anderen im Danken annehme, so ermögliche ich es ihm, nun sich selbst anzunehmen. Denn oft ist er ja nur deswegen zu mir so stachelig und feindselig, weil er sich selbst nicht annehmen kann, weil er seine Fehler und Schwächen auf mich projiziert und sie bei mir bekämpft. Feindschaft entsteht ja zumeist aus der Projektion der eigenen Schattenseiten in den anderen. Letztlich bekämpft man immer sich selber im andern. Das Danken ermöglicht es dem andern, seine Projektion zurückzunehmen. Wenn er sich angenommen fühlt, kann er sich nun selbst mit seinen Schattenseiten annehmen und braucht sie nicht mehr in mir zu bekämpfen. Das gilt jedoch auch für uns selbst. Wir können den Feind, der uns von außen begegnet, nur lieben, wenn wir den Feind in uns lieben.

## 29.

Im Danken versuche ich, alles so anzunehmen, wie Gott es gibt. Indem ich Gott für die Ereignisse meines Lebens danke, für die schönen wie für die leidvollen, nehme ich mich mit meiner Vergangenheit an. Und nur was ich angenommen habe, kann ich wirklich erkennen. Erst indem ich mich annehme als einen, den Gott so gewollt hat, kann ich mich selbst erkennen. Dann wird mir aufgehen, was Gott sich mit mir ausgedacht hat, was das Bild ist, das in mir Gestalt werden soll. Das Gleiche gilt für die vielen Ereignisse und Widerfahrnisse. Ihren wahren Sinn entdecke ich erst, wenn ich darauf verzichte, selbst hinter den Sinn kommen zu wollen, und statt dessen Gott dafür danke, daß er mir all das zugemutet hat. Im Danken verzichte ich auf meine eigenen Lösungsversuche und vertraue Gott, daß er es gut gemeint hat. Und dieses Vertrauen führt zur Erkenntnis, zu einer Erkenntnis nicht aus eigener Kraft oder Intelligenz, sondern aus Gnade. Für ein Unglück zu danken, an dem ich zu zerbrechen drohe, für einen Mitmenschen zu danken, der mich aufreibt, scheint widersinnig. Doch sobald ich anfange, Gott dafür zu danken, werde ich spüren, wo ich mich Gott widersetze, wo ich Gott in meine Vorstellungen zwingen will. Im Danken lasse ich die selbst gemalten Gottesbilder los und überlasse mich dem wahren Gott, der mir dann auch die oft genug schmerzliche Wahrheit über mich selbst enthüllen wird.

## 30.

Einen anderen segnen bedeutet, gut über ihn sprechen, ihm Gutes sagen, ihm das Gute zusagen, das ihm von Gott her zukommt. Indem ich das Gute in ihm anspreche, kommt er mit dem Guten in Berührung, das schon in ihm ist. Segnen heißt aber nicht nur, Gutes über den andern sagen, sondern zu ihm selbst gut reden, ihm gute Worte sagen, die ihn aufrichten. Für die Juden bedeutet Segen die Fülle des Lebens. Der von Gott gesegnete Mensch hat alles, wessen er bedarf. Wenn ich einen Menschen segne, wünsche ich ihm alles erdenklich Gute, wünsche ich ihm, daß Gott ihm die Fülle des Lebens schenken möge und daß er selbst zu einer Quelle des Segens werden darf für andere. Wenn wir andere Menschen segnen, dann geht von uns Segen aus in unsere Umgebung. Wir werden ihnen anders begegnen, wir werden mit neuen Augen auf sie schauen. Wir geben im Segnen den Segen weiter, mit dem wir von Gott beschenkt werden. Ein gutes Wort ist über uns gesprochen. Wir sind gesegnet.

## ꕥ 31. ꕥ

Geduld haben heißt nicht, über alles hinwegzuschauen, was geändert werden kann und geändert werden sollte. Aber Geduld haben darf man auch mit sich selber und mit einer Situation, die nicht geändert werden kann und die eher heitere Gelassenheit erfordert. Geduld heißt nicht, sich für immer mit dem Konflikt zu arrangieren oder faule Kompromisse zu schließen. In der Geduld steckt auch die Kraft, auf Veränderung und Verwandlung hinzuarbeiten. Aber in der Geduld hat auch die Zeit einen wichtigen Platz. Wir lassen uns und den andern Zeit, daß sich etwas wandeln kann.

Der Engel der Geduld möge Dich lehren, warten zu können. Das ist heute nicht selbstverständlich. Wir wollen die Lösung immer gleich sehen. Oft braucht es aber eine lange Zeit, bis eine Blume sich entfaltet. Wir brauchen für die eigene Entwicklung Geduld. Wir können weder die anderen noch uns selbst sofort verändern. Verwandlung geschieht langsam und manchmal unmerklich.

# November

## 1.

Das menschliche Leben läßt sich mit dem Gang der Sonne vergleichen. Am Morgen geht sie auf und erhellt die Welt. Am Mittag erreicht sie ihren höchsten Stand und beginnt nun, ihre Strahlen zurückzunehmen und unterzugehen. Der Nachmittag ist genauso wichtig wie der Vormittag. Doch er folgt eben andern Gesetzen.

## 2.

Neues kann nur wachsen, wenn wir Altes loslassen. Sterben hat mit Geborenwerden zu tun. Aber das Neue kann nur geboren werden, wenn etwas Altes stirbt. Das Kind kann nur geboren werden, wenn die Mutter es losläßt. Es kann nur reifen, wenn es bereit ist, seine Kindheit loszulassen. Es kann nur erwachsen werden, wenn es seine Jugend losläßt. Wir sind unser Leben lang herausgefordert, das Erreichte loszulassen, den Besitz, die Gesundheit, die Rolle, die wir spielen, die Sicherheit. Wir müssen die eigene Kraft loslassen. Die Eltern müssen ihre Kinder loslassen. Das Leben entwickelt sich nur in der Dialektik des Annehmens und Loslassens. Wir müssen annehmen, was uns vorgegeben ist. Wir müssen uns selbst annehmen mit unserer Lebensgeschichte, mit unserem Charakter. Und wir müssen loslassen, was wir angenommen haben. Letztlich geht es darum, uns selbst loszulassen. Das ist die schwerste Aufgabe. Denn an uns selbst klammern wir uns wohl am meisten fest.

## ꕤ 3. ꕤ

Wenn wir uns vorstellen, daß wir morgen sterben würden, dann würden wir nochmals ganz bewußt und intensiv den heutigen Tag erleben. Wir würden jeden Augenblick auskosten. Wir würden uns auf die Begegnungen vorbehaltlos einlassen. Wir würden auf jedes Wort achten, das wir sprechen, und abwägen, was wir eigentlich sagen möchten. Wir wissen alle, daß wir eines Tages sterben werden. Aber das verdrängen wir lieber. Das prägt nicht unser Leben. Daher ist eine wichtige Übung des geistlichen Lebens für den hl. Benedikt, sich täglich den Tod vor Augen zu halten. Diese Übung empfiehlt Benedikt nicht, um mit traurigem Gesicht durch die Welt zu laufen, sondern um das Leben auszukosten, um „Lust am Leben" zu haben, wie er im Prolog schreibt. Sich vor Augen zu halten, daß wir sterben werden, das heißt, menschlich leben, so leben, wie es unserer menschlichen Existenz entspricht, die ja sterblich ist. Und es heißt für mich, achtsam und wach zu leben, mir immer wieder des Geheimnisses inne zu werden, daß ich da bin, daß ich atme, daß ich fühle, daß ich lebe, daß ich einzigartig bin auf der Welt, daß es einen Aspekt von Gott gibt, den nur ich in dieser Welt ausdrücken kann. Das Denken an den Tod dient dem Leben. Ich spüre dem Geheimnis des Lebens nach. Was bedeutet es, zu leben, zu sein? Wie fühlt sich das Leben an? Wie schmeckt Leben? Und was heißt es, einmalig zu sein, etwas vermitteln zu dürfen, das nur ich vermag? Was heißt es, daß die Welt auf mich wartet, daß ich das Wort sage, das mir allein vorbehalten ist?

## 4.

Viele können nicht gut leben, weil sie noch an den Verletzungen ihrer Kindheit hängen. Sie machen immer noch ihren Eltern einen Vorwurf, daß sie sie so eng erzogen haben, daß sie ihren Bedürfnissen nicht gerecht geworden sind. Um hier und heute bewußt leben zu können, muß ich mich verabschieden von den Kränkungen meiner Kindheit. Ich bin hier und jetzt für mein Leben verantwortlich. Und ganz gleich, wie meine Kindheit war, ich kann jetzt etwas aus dem machen, was ich mitbekommen habe. Keiner hat nur gute und keiner nur schlechte Erfahrungen gemacht. Bei allen Wunden haben wir von unsern Eltern auch gesunde Wurzeln mitbekommen. Aber sie können wir nur entdecken, wenn wir uns bewußt von den Eltern verabschiedet haben.

## 5.

Ein Bekannter hat über seinem Büro den Satz stehen: Change it or love it. Das ist die gleiche Alternative wie ändern oder umdeuten (lieben, es anders sehen). Diese Alternative ist für mich mehr als der Satz: Was ich nicht ändern kann, muß ich annehmen. Das klingt zu passiv. Weil ich nicht ändern kann, bleibt mir nichts anderes übrig als anzunehmen. Das hat einen resignierenden Beigeschmack. Umdeuten ist etwas Aktives. Ich entscheide mich, es anders zu sehen, es so zu sehen, daß ich mit gutem Gewissen, mit dem Gefühl innerer Freiheit, mit Wohlwollen und Freude mit der umgedeuteten Situation umgehen kann.

## 6.

Was Sterben ist, erahne ich, wenn ich versuche, vorbehaltlos zu lieben, das Gute schlechthin zu wollen und mich auf meine Sehnsucht einzulassen. Meine Liebe und meine Freude, meine Hoffnung und meine Sehnsucht bleiben hier auf Erden immer unabgeschlossen und können erst im Tod zur Vollendung kommen. Die Hoffnung weist über sich hinaus auf ein Jenseits des Todes, die Liebe schließt in sich schon etwas Todüberschreitendes und Ewiges.

## 7.

Abschied tut weh. Sich von einem Menschen verabschieden zu müssen, den man liebgewonnen hat, kann einem das Herz zerreißen. Aber dennoch muß der Abschied sein. Wir können den andern nicht festhalten. Er möchte seinen Weg gehen, und er muß ihn gehen, damit sein Leben gelingt. Unser Leben kennt tausend Abschiede. Wir müssen uns von einer vertrauten Umgebung verabschieden, weil wir an einem andern Ort studieren möchten, weil wir anderswo eine Arbeit gefunden haben. Jede Veränderung verlangt einen Abschied. Und nur wenn der Abschied gelingt, können wir uns auf das Neue wirklich einlassen, kann Neues in uns wachsen. Viele möchten am liebsten alle Menschen festhalten, mit denen sie vertraut geworden sind. Sie möchten eine Freundschaft immer weiter führen. Aber es gibt auch Freundschaften, die nur eine Zeitlang gut sind. Dann ziehen sie sich nur noch hin. Sie werden aufrechterhalten aus Pflichtgefühl oder um den anderen nicht zu verletzen. Aber sie stimmen nicht mehr. Da wäre es Zeit, wirklich Abschied zu nehmen. Dann gehe ich fair mit dem anderen um. Dann traue ich ihm zu, daß er sich neu orientieren kann. Und dann bin ich frei, Neues zu beginnen.

## 8.

In der Lebensmitte muß sich der Mensch mit seinem Tod vertraut machen. Er muß bewußt das Absteigen seiner biologischen Lebenskurve annehmen, um seine psychologische Linie weiter aufsteigen zu lassen in Richtung Individuation. Jung meint: „Von der Lebensmitte an bleibt nur der lebendig, der mit dem Leben sterben will.“

## 9.

Wir glauben daran, daß wir im Tod uns selbst loslassen müssen, um das Neue und Unerwartete des ewigen und göttlichen Lebens empfangen zu können. Aber wir tun uns schwer, uns selbst loszulassen. Wenn es ans Sterben geht, dann spüren viele Menschen erst, wie sehr sie am Leben hängen. Das Paradox ist, daß gerade Menschen, die während ihres Lebens immer wieder gejammert haben, daß das Leben so schwierig sei, daß sie nichts davon hätten, sich mit aller Kraft ans Leben krallen, sobald es ihnen genommen wird.

## 10.

Über den Tod nachzudenken heißt immer wieder auch, darüber reflektieren, wie wir hier leben lernen können, wie wir so leben können, daß wir von unseren Werken gerne ausruhen werden. Die Sehnsucht nach dem ewigen Leben darf nicht dazu führen, daß wir unser Leben hier überspringen. Sie soll uns gerade antreiben zu wirklichem Leben.

## 11.

Heiterkeit steckt an. In der Nähe eines heiteren Menschen kann man sich nicht über den Weltuntergang unterhalten. Da kann man sich nicht in einem Jammern über die Zustände dieser Welt ergehen. Der Heitere verschließt die Augen nicht vor der konkreten Situation dieser Welt. Er verdrängt das Dunkle nicht. Aber er sieht alles aus einer anderen Perspektive heraus, letztlich aus einer Perspektive des Geistes, der auch die Finsternis durchschaut, bis er auf den leuchtenden Grund Gottes darin stößt.

## 12.

Das Leben hat ein Ziel. In der Jugend besteht das Ziel darin, daß der Mensch sich in der Welt einrichtet und etwas erreicht. Mit der Lebensmitte ändert sich das Ziel. Es liegt nicht auf dem Gipfel, sondern im Tal, dort, wo der Aufstieg begann. Und es gilt, sich auf dieses Ziel hinzubewegen. Wer das nicht tut, wer sich krampfhaft an seinem Leben festhält, dessen psychologische Lebenskurve verliert den Zusammenhang mit seiner biologischen. „Sein Bewußtsein steht in der Luft, während unter ihm die Parabel mit vermehrter Geschwindigkeit absinkt.“ Die Angst vor dem Tod ist letztlich: Nicht-leben wollen. Denn leben, lebendig bleiben, reifen kann nur, wer das Gesetz des Lebens annimmt, das sich auf den Tod als sein Ziel hinbewegt.

## ꟷ 13. ꟷ

Statt nach vorne zu schauen auf das Ziel des Todes, blicken viele zurück in die Vergangenheit. Während wir alle einen jungen Mann von 30 Jahren, der in die Kindheit zurückblickt und infantil bleibt, bedauern, bewundert unsere Gesellschaft alte Menschen, die wie Jugendliche aussehen und sich so gebärden. Jung nennt „beide pervers, stillos, psychologische Naturwidrigkeiten. Ein Junger, der nicht kämpft und siegt, hat das Beste seiner Jugend verpaßt, und ein Alter, welcher auf das Geheimnis der Bäche, die von Gipfeln in Täler rauschen, nicht zu lauschen versteht, ist sinnlos, eine geistige Mumie, welche nichts ist als erstarrte Vergangenheit. Er steht abseits von seinem Leben, maschinengleich sich wiederholend bis zur äußersten Abgedroschenheit. Was für eine Kultur, die solcher Schattengestalten bedarf!"

## 14.

Die Träume von Verstorbenen weisen uns oft auf die Beziehung hin, die wir nochmals anschauen müssen. Das gilt vor allem von Träumen, in denen die Verstorbenen einen traurigen Eindruck machen und ihnen etwas fehlt, wo sie zu uns sprechen möchten und nicht können. Andere Träume von Verstorbenen zeigen uns die eigenen Wurzeln, die die Toten für uns darstellen. Wir haben teil am Reichtum ihrer Erfahrung, an ihrer Liebe, an ihrer Kraft, an ihrer Art, das Leben zu meistern. Diese Träume zeigen uns, daß es auch nach dem Tod eine lebendige Beziehung zwischen Menschen gibt, die sich lieben, daß der Tod keine absolute Grenze zwischen den Liebenden ist. Im Traum erscheinen uns die Verstorbenen als hilfreiche Begleiter oder als Menschen, die uns auf etwas hinweisen möchten, was wir sonst übersehen würden. Auf jeden Fall sind Träume von längst Verstorbenen immer eine Einladung, sich neu mit den Toten zu beschäftigen.

## 15.

Viele überspringen heute die Trauer um geliebte Menschen. Sie stürzen sich in Geschäftigkeit, um dem Schmerz der Trauer aus dem Weg zu gehen. Doch die ungelebte Trauer blockiert uns, sie setzt sich in unserem Herzen fest und hält uns davon ab, im Augenblick zu leben, sie hindert uns daran, daß das Leben in uns fließen kann. Bei jedem von uns gibt es Erfahrungen von Verlust und Abschied. Nur wenn wir den Verlust eines Menschen betrauern, kann neues Leben in uns wachsen. Nur durch die Trauer hindurch können wir eine neue Beziehung zu den Menschen aufnehmen, die uns verlassen haben.

## 16.

Die Traurigkeit trocknet das Herz aus, raubt ihm die Spannkraft und macht es leer. Die Trauer dagegen äußert sich in Tränen, im unaufhörlichen Weinen über die eigenen Sünden. Traurigkeit lähmt oder zerstört, Trauer befruchtet und macht lebendig. Für Evagrius ist es gerade ein Zeichen der acedia (Trägheit), eine harte Seele zu haben, die keine Tränen vergießen will. Und er empfiehlt, zu Beginn jedes Gebetes um die Gabe der Tränen zu bitten, „damit du durch die Trauer das, was hart ist in deiner Seele, aufweichst".

## ꕤ 17. ꕤ

In der Trauer halte ich mich aus, so wie ich bin, mit meiner Einsamkeit, mit meinen Enttäuschungen. Ich verdränge die Trauer nicht, sondern durchlebe sie. Die Trauer ergießt sich in Tränen, die reinigen und befreien, die etwas Neues in uns wachsen lassen, während die Traurigkeit – so sagen die Mönche – trocken ist und unfruchtbar. In ihr kreist man nur weinerlich um sich selbst. Die durchlebte Trauer führt zu einer neuen Qualität von Freude und Lebendigkeit. Durchleben heißt aber auch, daß sie in Beziehung zu andern gelebt, daß sie andern gezeigt wird. Die Beziehung wirkt dann therapeutisch. Wenn ich mit meiner Trauer alleine bin, kann ich leicht in ihr stecken bleiben.

## ꕤ 18. ꕤ

Trauern heißt nicht, daß wir in unserem Schmerz über den Verlust geliebter Menschen stecken bleiben. Trauen ist vielmehr etwas Aktives. In der Trauer nehme ich Abschied von Menschen, die mir nahe stehen, die ich geliebt habe. In der Trauerarbeit kläre ich meine Beziehung zum Toten. Und ich suche nach einer neuen Beziehung zu ihm. Diese Suche nach einer neuen Beziehung geht über das Erzählen. Wir erzählen einander, was uns der Tote bedeutet hat, was er in seinem Leben dargestellt hat, welche Erfahrungen wir mit ihm geteilt haben. Das Ziel der Trauerarbeit ist, einen neuen Bezug zu sich selbst und zur Welt zu finden.

## ꟿ 19. ꟿ

Trösten geschieht für die Griechen vor allem im Reden, im Zusprechen von Worten, die wieder einen Sinn stiften in der Sinnlosigkeit, den jeder Verlust erst einmal verursacht. Aber die Worte dürfen kein bloßes Vertrösten sein. Denn das Vertrösten geht am Menschen vorbei. Im Vertrösten rede ich nicht gut zu, sondern am andern vorbei. Ich sage irgend etwas, von dem ich selbst nicht überzeugt bin. Ich nehme Worte in den Mund, die keinen Halt geben und keinen Sinn stiften. Trösten aber heißt, zum andern hin sprechen, Worte sagen, die ihn erreichen, die ihm ganz persönlich gelten, die zu seinem Herzen vordringen. Trösten heißt, Worte finden von Herz zu Herz, Worte, die aus meinem Herzen kommen und nicht auf irgendwelche leeren Floskeln zurückgreifen, Worte, die das Herz des andern berühren, die ihm einen neuen Horizont eröffnen und ihm einen festen Stand ermöglichen.

## 20.

Indem ich im Weinen meine Gefühle zulasse, werde ich fähig, mich selbst, die Menschen und Gott besser zu verstehen: „Echtes Verstehen gelingt nur dem, der zu fühlen vermag. Wer nichts fühlt, versteht weder die andern noch sich selbst.“

## 21.

In der Tapferkeit wächst der Mensch. Er wird weise und stark. Du brauchst Dir Deine Tapferkeit nicht beweisen. Du mußt auch nicht in jeder Situation tapfer sein. Es gibt Menschen, die strotzen vor Selbstbewußtsein, die aber dann doch in der Gefahr den Kopf verlieren und sich als Schwächlinge erweisen. Andere sind ängstlich. Aber sie halten aus, sobald die Herausforderung sie trifft. Sie werden tapfer mit der Situation, in die sie sich von Gott gestellt wissen. Vertraue darauf, daß gerade dann, wenn Du es brauchst, der Engel der Tapferkeit Dich stärkt und Dir beisteht.

## 22.

Weinen entlastet den Menschen von den angestauten Gefühlen, die nach außen drängen. Tränen lindern den Schmerz. Man weint sich frei von seinen Schmerzen. Weinen wird zur einzigen Möglichkeit, einen Schmerz, der einen zu überwältigen und zu überfordern scheint, auszuhalten und auf ihn zu antworten. Der Mensch weiß keine andere Antwort mehr, weder in Worten noch in Gebärden, als sich dem Weinen zu überlassen, sich weinend loszulassen und so den Schmerz zuzulassen und ihn zugleich aufzulösen, abzuleiten. Weinen erleichtert, lindert, heilt. Die Tränen werden auf einmal befreiende, erlösende, selige Tränen. Der Schmerz schlägt um in Freude. Der Mensch erfährt in seinem Innersten ein Heilsein, das auch durch den Schmerz nicht mehr bedroht werden kann, eine Freude, an die Enttäuschungen und Mißerfolge nicht zu rühren vermögen.

## 23.

In der Traurigkeit bemitleiden wir uns selbst und kreisen nur um unsere eigenen Probleme, ohne daß wir uns wirklich helfen lassen. Letztlich genießen wir unsere Traurigkeit, wir halten an ihr fest, wir brauchen sie, um uns nicht ändern zu müssen. Von der Fehlhaltung der Traurigkeit zeugen Sätze wie: „Ich habe es so schwer, keiner kümmert sich um mich, ich bin ein Versager, ich kann nicht mehr. Niemand mag mich. Bei mir geht alles schief. Das schaffe ich nie." Die Ursache für die Traurigkeit sind meist zu hohe Erwartungen an sich selbst und an seine Umwelt. Man ist unersättlich in seinem Wunsch nach Erfolg und Besitz, nach Zuwendung und Anerkennung. Weil die übertriebenen Wünsche nicht erfüllt werden, zieht man sich gekränkt, beleidigt, frustriert in die Traurigkeit zurück, um sich so die Zuwendung von den Mitmenschen zu erzwingen..

## 24.

Heute versucht man mit allen Mitteln, Unlust und Leid zu meiden. Man schirmt sich dagegen ab. Es wird als Bedrohung für das innere Gleichgewicht empfunden. Doch das führt „unweigerlich in die Gefühlsverflachung und Lebensverarmung". Der Mensch, der unfähig ist zu leiden, wird auch unfähig sich zu freuen. „Wo nichts mehr erlitten wird, gibt es auch kein großes Glück. Langeweile und Leere sind die Folge, Surrogatsuche ist der nächste Schritt." Wer dem Schmerz aus dem Weg geht, wird auch unfähig zu lieben. Denn lieben kann nur, wer sich verwunden läßt. Im Weinen öffnet sich der Mensch dem Schmerz, nicht um ihn zu genießen, sondern um sich von ihm treffen zu lassen, um ihn in sich hineinzunehmen und zu verarbeiten.

## 25.

Gottes Engel werden uns im Tod geleiten und in Gottes liebende Hände hineintragen. Kinder haben mit dieser Vorstellung keine Probleme. Sie leben in der Welt der Engel. Und sie sind überzeugt, daß ihr Engel sie auch im Tode in Abrahams Schoß tragen werde, daß sie im Tod in Gottes mütterliche Arme hinein sterben werden. Der Tod hat etwas mit Geburt zu tun, mit einem mütterlichen Schoß. Dort werden wir für immer die Geborgenheit erfahren, die wir hier ersehnen, die wir hier zwar immer wieder erleben dürfen, die aber zugleich auch brüchig und vergänglich ist. Im Tod werden wir für immer im mütterlichen Schoß Gottes ruhen und im Blick auf Gottes Liebe ewige Freude genießen.

## 26.

Es ist ein tröstliches Bild, daß ein Engel uns hier das ganze Leben lang begleitet, daß er uns auf unsern Wegen schützt, daß er uns immer wieder anstößt, wirklich zu leben, daß er unsere Wunden heilt und uns aus dem Gefängnis befreit und daß dieser Engel uns auch im Tod nicht verlassen wird. Er wird uns über den Abgrund des Todes, der seit jeher den Menschen Angst macht, sicher hinüber geleiten. Dann hat unser Engel seine Aufgabe erfüllt. Und er kann für immer einstimmen in den Chor der Engel, der im Himmel das ewige Lob Gottes singt. Der Engel verläßt uns auch beim Todeskampf nicht. Der Tod verliert durch die Anwesenheit des Engels seinen Schrecken. Dort, wo wir ohnmächtig sind, wo wir den Schmerzen und der Einsamkeit ausgeliefert sind, steht der Engel neben uns. Das Tor des Todes werden wir nicht allein durchschreiten, sondern in Begleitung eines Engels.

## 27.

Im traditionellen Gebet für die Verstorbenen bitten wir, daß ihnen das ewige Licht leuchten möge. Der Tod hat für uns immer auch etwas Dunkles, Unerklärliches, Undurchschaubares an sich. Gott aber ist Licht. Das Leben in der Ewigkeit ist daher ewiges Licht, ewige Herrlichkeit, Schönheit. Alles, was wir uns hier auf Erden in der Kunst ersehnen, Harmonie, Herrlichkeit, absolute Schönheit, das wird uns im ewigen Leben geschenkt.

## 28.

Das Ziel des Loslassens ist die Neugeburt. Der Tod ist die Vollendung des Loslassens und zugleich die Geburt des Neuen schlechthin. Wenn wir in unseren nächtlichen Träumen davon träumen, daß wir krank sind und sterben, dann meint das meistens einen Wechsel in unserer Identität. Wir müssen Altes loslassen, damit der neue Mensch geboren werden kann. Auch wenn wir theoretisch alle wissen, daß Neues nur durch das Loslassen des Alten entstehen kann, so tun wir uns doch sehr schwer damit. Es fällt uns nicht so leicht, die Kraft loszulassen und uns damit auszusöhnen, daß wir schwächer werden. Es fällt uns schwer, Freunde loszulassen, die ihren eigenen Weg gehen. Es fällt uns schwer, uns selbst, unsere Rolle, unsere Identität, loszulassen. Wir wissen nicht, was nachkommt. In der Begleitung von Menschen erlebe ich oft, wie da jemand spürt, daß er den Panzer ablegen müßte, den er bisher um sich aufgebaut hat, um sich vor dem Leben und seinen Verwundungen zu schützen. Aber der Schritt von der Einsicht, daß der Panzer ihn abhält vom Leben, und dem Loslassen der alten Identität ist schwer. Er weiß ja nicht, was nachkommt. Das Alte ist ihm vertraut geworden. Damit kann er umgehen, auch wenn er häufig darunter leidet. Aber das Neue macht erst einmal Angst.

## 29.

Ich möchte Dich zu folgender Übung einladen: Stelle Dir vor, Du stehst kurz vor Deinem Tod. Überlege, welchem Menschen Du noch einmal schreiben möchtest. Und dann schreibe einen Brief, in dem Du diesem Menschen sagst, was Du im Leben vermitteln wolltest, was die eigentliche Botschaft Deines Lebens sein sollte. Du brauchst keine Angst vor großen Worten zu haben. Wir werden nie ganz leben, was wir im Tiefsten unseres Herzens ersehnen. Aber trotzdem tut es uns gut, uns zu überlegen, was die Leitidee unseres Lebens ist. Warum stehe ich jeden Morgen so früh auf, warum nehme ich all die Unbilden in Kauf, die das Leben mit sich bringt? Was möchte ich in jeder Begegnung den Menschen vermitteln? Was sollen sie an mir, an meinem Leib, an meiner Seele, an meinem Herzen, an meinen Augen, an meinen Worten ablesen? Was ist die tiefste Motivation für mein Leben, was möchte ich als mein Vermächtnis den Menschen hinterlassen? Bewahre diesen Brief auf, damit Du Dir von Zeit zu Zeit bewußt machst, was Deine prophetische Sendung in diese Welt heute ist, was die tiefste Botschaft Deines Herzens ist, was Du den Menschen mit Deinem ganzen Leben vermitteln möchtest.

## 30.

Gelassenheit fordert auch ein Lassen von mir selbst. Ich soll mich selbst nicht festhalten, weder meine Sorgen, noch meine Ängste, noch meine depressiven Gefühle. Viele Menschen klammern sich an ihren Verletzungen fest. Sie können sie nicht lassen. Sie benutzen sie als Anklage gegen die Menschen, die sie verletzt haben. Aber damit verweigern sie letztlich das Leben. Wir sollen auch unsere Verletzungen und Kränkungen lassen. Du brauchst den Engel der Gelassenheit, der Dich unterweist in der Fähigkeit, Dich von Dir selbst zu distanzieren, zurückzutreten und Dein Leben von einem Stand jenseits Deiner selbst, anzuschauen.

# Dezember

## 1.

Von Saint-Exupéry stammt das berühmte Wort: „Wenn du ein Schiff bauen willst, lehre die Menschen die Sehnsucht nach dem Meer." In der Sehnsucht steckt also eine Kraft, die uns befähigt, Utopien ganz konkret anzugehen. Die Sehnsucht hat die Menschen des Mittelalters dazu angetrieben, hohe Dome zu bauen. Diese Baukunst lebte von der Sehnsucht. Die Musik lebt von der Sehnsucht. Sie öffnet ein Fenster zum Himmel. Jede Kunst ist letztlich Vorschein des Ewigen, noch nie Dagewesenen, Ausdruck der Sehnsucht nach dem ganz anderen. Sehnsucht hat die Kraft, Beton zu sprengen, den Panzer zu knacken, den wir um uns aufgebaut haben, um unempfindlich zu sein gegenüber der anderen Welt. Sehnsucht öffnet unsere enge Welt. Sie hält den Horizont über uns offen. Die Sehnsucht verschließt sich nicht den erschreckenden Tatsachen des Lebens. Sie setzt uns auf die Spur der Hoffnung, die uns der Realität ins Auge sehen läßt, ohne daran zu verzweifeln.

## 2.

Advent wäre die Zeit, unsere Süchte wieder in Sehnsucht zu verwandeln. Jeder von uns kennt Süchte, innere Abhängigkeiten. Da sind nicht nur die in die Augen fallenden Süchte wie Alkoholismus, Drogensucht, Medikamentenabhängigkeit, Arbeitssucht, Beziehungssucht, Sexsucht, Spielsucht. Sobald wir abhängig werden von einem Verhalten oder von einem Ding, bildet sich in uns eine Suchtstruktur aus. Wir können ohne das Verhalten oder ohne das bestimmte Ding nicht mehr sein. Die Kunst bestünde darin, daß wir unsere Süchte genau anschauen und die Sehnsucht darin entdecken, die uns zeigt, daß unser Verlangen über das Alltägliche und Banale hinausweist. Letztlich steckt darin die Sehnsucht nach Heimat und Geborgenheit, die Sehnsucht nach dem verlorenen Paradies.

## ☙ 3. ❧

Der Adventskranz hat vier Kerzen. Ursprünglich sind es reine Zählkerzen, die die vier Sonntage angeben. Jeden Sonntag wird eine weitere Kerze angezündet, so daß die Erwartung auf Weihnachten durch die wachsende Zahl der brennenden Kerzen gesteigert wird. Aber Vier ist auch eine symbolische Zahl. Vier ist die Zahl der Elemente und der Himmelsrichtungen. Die Symbolzahl Vier ist als Quadrat der Inbegriff alles Geordneten. Wenn vier Kerzen auf dem runden Kranz brennen, dann ist das die Einheit aller Gegensätze: das Runde und das Quadratische werden miteinander eins. Als Quadratur des Kreises bezeichnen wir schließlich umgangssprachlich eine unmögliche Aufgabe, etwas, was unsere Kräfte übersteigt. Was wir nicht zusammenfügen können, das gelingt Christus, wenn er zu uns kommt, wenn er in unser Herz eintritt.

## ☙ 4. ❧

Am Fest der hl. Barbara ist es in vielen Gegenden Brauch, Kirschzweige abzuschneiden und in der Wohnung ins Wasser zu stellen. An Weihnachten werden sie dann aufblühen. Das ist seit alten heidnischen Zeiten so Sitte. Wenn mitten in der Dunkelheit und Kälte des Winters trockene Zweige Wasser bekommen, dann blühen sie auf und geben – zur Sonnenwende am 25. Dezember – ein Zeichen des Lebens. So steht es auch mit unserem Inneren: Wenn wir im Traum Bilder des Winters sehen, dann drückt auch dies immer den Zustand unserer Seele aus. In uns ist es kalt geworden. Das Herz ist kalt. Die Gefühle sind eingefroren. Es lebt nichts mehr in uns. Die Barbarazweige wollen unsere Hoffnung stärken, daß mitten in unserem Winter neues Leben aufblühen möchte.

## ☙ 5. ❧

Das deutsche Wort „warten" meint eigentlich, auf der „Warte" wohnen. „Warte" ist der Ort der Ausschau, der Wachtturm. Warten meint also: Ausschau halten, ob jemand kommt, umherschauen, was alles auf uns zukommt. Warten kann aber auch heißen: auf etwas achthaben, etwas pflegen, so wie der „Wärter" auf einen Menschen aufpaßt und auf ihn acht gibt. Warten bewirkt beides in uns: die Weite des Blickes und die Achtsamkeit auf den Augenblick, auf das, was wir gerade erleben, auf die Menschen, mit denen wir gerade sprechen. Warten macht das Herz weit. Wenn ich warte, spüre ich, daß ich mir selbst nicht genug bin. Jeder von uns kennt das, wenn er auf einen Freund oder eine Freundin wartet. Er blickt jede Minute auf die Uhr, ob es noch nicht Zeit für ihr Kommen ist. Er ist gespannt auf den Augenblick, da der Freund oder die Freundin aus dem Zug aussteigt oder an der Haustüre klingelt. Und wie enttäuscht sind wir, wenn statt des Freundes jemand anders an der Haustüre steht. Warten erzeugt in uns eine prickelnde Spannung. Wir spüren, daß wir uns selbst nicht genug sind. Im Warten strecken wir uns aus nach dem, der unser Herz berührt, der es höher schlagen läßt, der unsere Sehnsucht erfüllt.

## ❧ 6. ☙

Der Nikolaustag gilt als das Fest der Kinder. Doch bei aller Verfälschung, die dieser Heilige im Laufe der Zeit erfahren hat, wäre es wichtig, das eigentliche Geheimnis dieses Menschen zu erahnen.

Nikolaus stellt den väterlichen Menschen dar, der zupackt, wenn Menschen in Not sind, der Mitleid hat, der unauffällig hilft. Er gilt in vielen Gegenden als einer, den man in seiner persönlichen Not ansprechen kann. Und Nikolaus will Dir Mut machen, zu Deinen väterlichen und mütterlichen Seiten zu stehen. In Dir ist das archetypische Bild des Vaters, der andern den Rücken stärkt und sie zum Leben ermutigt. In Dir ist das Bild der Mutter, die andern Geborgenheit und Heimat schenkt, die sie nährt und ihre Wunden heilt. Und in Dir ist der lautere und gerechte Mensch, der einen Blick hat für die Not anderer. Der Brauch, am Nikolaustag andere Menschen mit Süßigkeiten zu beschenken, ist durchaus sinnvoll. Schaue nicht nur auf Dich, sondern auch auf die, die unter der Bitterkeit ihres Lebens leiden. Vielleicht weckt Nikolaus in Dir die Phantasie, wie du ihr Leben versüßen kannst.

## ❧ 7. ☙

Die Träume haben die Funktion, uns mit der Wahrheit unseres Lebens zu konfrontieren und uns herauszufordern, daß wir uns der Wahrheit stellen und richtig darauf antworten. Und sie wollen uns die Augen für die Zukunft öffnen, damit wir uns darauf einrichten.

## 8.

Was macht das Spannende des Wartens aus? Wie fühlst Du Dich, wenn Du auf das Kommen eines lieben Menschen wartest? Es tritt etwas Neues in Dein Leben. Du wirst beschenkt. Du freust dich auf den Menschen. Du fühlst Dich lebendig. Starke Gefühle steigen in Dir hoch. Du wartest nicht nur selbst. Du wirst auch erwartet. Wie fühlst du Dich, wenn andere auf Dich warten, wenn Gott auf Dich wartet? Andere haben Erwartungen an Dich. Die Erwartungen können Dich einengen. Aber wenn keiner mehr etwas von Dir erwartet, fühlst Du Dich überflüssig. Die Adventszeit will Dich einladen, im Warten Dein Herz zu weiten und Dich als Erwarteten aufzurichten. Du bist wertvoll. Viele warten auf Dich.

## 9.

Wer nicht warten kann, der wird nie ein starkes Ich entwickeln. Er wird jedes Bedürfnis sofort befriedigen müssen. Aber dann wird er völlig abhängig von jedem Bedürfnis. Warten macht uns innerlich frei. Wenn wir warten können, bis unser Bedürfnis erfüllt wird, dann halten wir auch die Spannung aus, die das Warten in uns erzeugt. Das macht unser Herz weit. Und es schenkt uns überdies das Gefühl, daß unser Leben nicht banal ist. Wir sehen dies, wenn wir auf etwas Geheimnisvolles warten, dann warten wir auf die Erfüllung unserer tiefsten Sehnsucht. Dann erkennen wir: Wir sind mehr als das, was wir uns selbst geben können. Warten zeigt uns, daß das Eigentliche uns geschenkt werden muß.

## 10.

In der Adventszeit setzen wir uns gerne vor eine brennende Kerze, um in ihrem Licht Ruhe zu finden. Seit jeher haben Kerzen eine besondere Anziehungskraft auf Menschen ausgeübt. Das Kerzenlicht ist ein mildes Licht. Gegenüber der grellen Neonbeleuchtung erhellt die Kerze unsern Raum nur teilweise. Es läßt manches im Dunkel. Und das Licht ist warm und angenehm. Die Kerze ist keine funktionelle Lichtquelle, die alles gleichmäßig ausleuchten muß. Vielmehr spendet sie ein Licht, das von vornherein die Qualität des Geheimnisvollen, des Warmen, des Liebevollen in sich birgt.

Das Licht der Kerze erhellt nicht nur, es wärmt auch. Es bringt mit der Wärme Liebe in Dein Zimmer. Es erfüllt Dein Herz mit einer Liebe, die tiefer und geheimnisvoller ist als die Liebe der Menschen, mit denen Du Dich verbunden weißt.

## 11.

Immer wieder hören wir im Advent von Trostworten. Georg Friedrich Händel beginnt seinen „Messias“ mit den Worten, die ihn offensichtlich selbst getröstet und aus seiner Depression herausgerissen haben: „Tröste dich, tröste dich, mein Volk, spricht dein Gott. Redet freundlich, Boten, mit Jerusalem und predigt ihr, daß die Knechtschaft nun zu Ende und ihre Missetat vergeben“ (Jes 40, 1 f). Für mich gehört es zu meinen Adventsritualen, mir den Beginn des „Messias“ am Ersten Adventssonntag anzuhören und durch die Musik den Trost dieser Worte in mein Herz fallen zu lassen.

## 12.

Es ist ein eigenartiges Gefühl von Heimat, das der Advent mit dem Bild des Trostes in uns auslöst. Es ist nicht das Daheimsein von Weihnachten, von Feiern und Fröhlichkeit. Es ist vielmehr das Daheimsein trotz aller Dunkelheit, trotz aller Einsamkeit, trotz allen Unverstandenseins, trotz aller Verletzungen und Kränkungen. Am trauten Ort bin ich vertraut mit der Gebrochenheit meiner Existenz, dort traue ich mich, meine Wahrheit ungeschönt anzuschauen, weil ich in meiner Trauer getröstet bin, weil ich durch meine Trauer hindurch zu dem Trost finde, auf dem ich fest stehen kann, „den Trost ob allen Dingen“.

## 13.

In der Adventszeit betäuben sich viele durch die Hektik, die sie verbreiten. Da meinen sie, sie müßten alle Briefschuld erledigen, die sie während des Jahres vor sich her geschoben haben. Gegen diese Betäubung kannst Du versuchen, in der Adventszeit bewußt eine andere Haltung einzuüben, die Haltung der Nüchternheit und Wachheit. Wenn Du wach durch die belebten Fußgängerzonen der Städte gehst, wirst Du erkennen, wie unnötig das Getriebenwerden vieler ist, wie viele mit ihrer Hektik vor der eigentlichen Wirklichkeit davonlaufen. Die Achtsamkeit und Wachheit werden Dich lehren, worauf es eigentlich an Weihnachten ankommt.

## 14.

Das deutsche Wort „still" kommt von „stellen, unbeweglich stehen". Es braucht also das Innehalten, um stille zu werden. Ich muß aufhören, herumzulaufen und zu hetzen. Ich muß stehenbleiben, bei mir bleiben. Wenn ich stillhalte, dann werde ich zuerst mir selbst begegnen. Da kann ich meine Unruhe nicht mehr nach außen verlagern. Ich werde sie in mir wahrnehmen. Nur wer seiner Unruhe standhält, kommt zur Stille. „Still" hat auch mit „stillen" zu tun. Die Mutter stillt das Kind, bringt das vor Hunger schreiende Kind zur Ruhe. So muß ich meine eigene Seele, die innerlich laut schreit, beruhigen. Wenn ich nicht mehr außen herumlaufe, dann meldet sich der Hunger meines Herzens. Dann schreit mein Herz, weil es nicht zufriedengestellt ist. Es braucht dann Nahrung. Ich muß mich mütterlich meinem Herzen zuwenden, damit es Ruhe gibt. Doch viele haben Angst, sich auf das lärmende Herz einzulassen. Sie lenken es lieber ab, indem sie von Ort zu Ort hasten. Aber ihr Herz schreit weiter. Es läßt sich nicht ablenken. Es braucht Zuwendung. Es will gestillt werden.

## 15.

Im Schweigen steige ich selbst hinab in meine eigene Tiefe. Und der Weg in diese Tiefe geht hindurch durch die Nacht meiner Dunkelheit, durch die Nacht meiner Angst und meiner Einsamkeit. Da verlasse ich meinen königlichen Thron, auf dem ich sicher throne und von dem aus ich das Leben lenke und bestimme. Da neige ich mich hinab bis zum Grund meiner Seele. Denn nur dort kann Gott in mir geboren werden. Nur in der Tiefe meines Herzens, zu der der Lärm der Oberfläche nicht mehr hindringt, will Gott in mir Mensch werden.

## 16.

Du kannst auch versuchen, in der Adventszeit bewußt einmal einen Tag für einen anderen Menschen zu fasten. Im Fasten kannst Du Dich mit ihm eins fühlen. Du denkst an ihn, was er braucht, was ihm gut täte, worunter er leidet und wonach er sich sehnt. Das Fasten erinnert Dich den ganzen Tag an den Menschen, für den Du fasten und beten willst. Es ist keine Fürbitte, die unverbindlich in den Gedanken formuliert wird. Es wird eine leibhafte Fürbitte. Du setzt Dich mit Deiner ganzen Existenz, mit Leib und Seele für den andern ein.

## 17.

Es gibt zahlreiche Märchen, in denen der Mensch seine Wünsche äußern darf. Meistens sind es drei Wünsche, die er frei hat. Und es ist gar nicht so leicht, daß der Mensch das wünscht, was ihm wirklich hilft. Meistens hat er anfangs so viele Wünsche, daß er gar nicht weiß, wo er anfangen soll. Aber dann verstrickt er sich in seinen Wünschen. In einem Märchen etwa wünscht sich ein Mann besseres Wetter, daß es nicht mehr regnen solle. Doch darauf merkt er, daß dann nichts mehr wächst. Dann soll es nur nachts regnen. Daraufhin beschwert sich der Nachtwächter. Schließlich läßt er es wieder beim alten. Seine drei Wünsche gingen ins Leere. Was wünschen wir wirklich? Was brauchen wir? Wonach trachten wir, was möchten wir gewinnen?

## 18.

Manche Familien vereinbaren heute, daß sie sich nichts mehr schenken, weil doch alle schon genug haben. Darin liegt sicher etwas Gesundes. Aber es gibt auch eine Geschenkaskese, die nur Ausdruck von Phantasielosigkeit ist. Sich einander zu beschenken ist Zeichen von Liebe und lebendiger Beziehung.

## 19.

Die Habsucht wird besiegt durch das Austeilen von Almosen. Liebe und Habsucht können nicht koexistieren. Daher soll man ganz bewußt das Weggeben und Schenken einüben.

## 20.

Wenn Gott sich uns an Weihnachten schenkt, ist es angebracht, daß auch wir einander etwas schenken. Im Schenken bringen wir zum Ausdruck, daß wir selbst die Beschenkten sind. Das deutsche Wort „schenken“ bedeutet ursprünglich, einem etwas zu trinken geben. Wir sagen ja auch heute noch, daß wir dem andern Wein einschenken. Schenken meint also, daß wir dem andern, der Durst hat, etwas einschenken, damit er seinen Durst stillen kann. Wer keinen Durst hat, dem soll man auch nichts schenken. Heute haben viele keinen Durst mehr danach, Süßigkeiten oder Wein oder Kleider oder Haushaltsgeräte geschenkt zu bekommen. Denn davon hat jeder schon genug. Aber jeder von uns dürstet nach Liebe, nach Zuwendung, nach Wertschätzung. So sehnen sich heute wohl die meisten nach einem Geschenk, das Ausdruck der Liebe ist. Wenn ich mein Herz in ein Geschenk hineinlege, dann erreicht es den andern, dann stillt es seinen Durst.

## 21.

Wenn so viele Menschen sich in den Zeiten der Weihnacht an ihre Kindheit erinnern, dann ist dies mehr als Nostalgie. Dahinter steckt die Sehnsucht nach dem heilen Anfang, nach dem Paradies. Am Anfang leuchtet das Ganze auf. Hier klingt das Versprechen eines geglückten Lebens nach: Es kann Wirklichkeit werden.

## 22.

Weihnachten will Dich an das göttliche Kind in Dir erinnern. Es hält mitten in der Kälte und Fremde dieser Welt an seiner Einmaligkeit und Einzigartigkeit fest. Es vertraut darauf, daß es etwas Göttliches gibt, das nur durch Dich ausgedrückt werden kann. Im Grunde Deines Herzens trägst Du ein göttliches Kind. Wenn Du auf Dein Herz hörst, dann spürst Du genau, was für Dich gut ist, was für Dich stimmt und was Du nur übernimmst, weil andere es Dir gesagt haben. Nur wenn Du mit dem göttlichen Kind in Dir in Berührung kommst, wird Dein Leben authentisch, und es bekommt etwas von der Leichtigkeit, die Kinder auszeichnet. Du mußt dann nicht mühsam alle Verletzungen der Kindheit aufarbeiten, Du darfst als verletztes Kind dem göttlichen Kind vertrauen, der Spur, die Dich auch heute zum Leben führt.

## 23.

Der Baum ist in allen Völkern ein wichtiges Symbol für die Fruchtbarkeit und Quelle des Lebens. In der Antike wurden die verschiedenen Bäume jeweils einem Gott zugeordnet. Das Alte Testament kennt den Lebensbaum des Paradieses bzw. den Baum der Erkenntnis. Dieser Lebensbaum wurde im Christentum im Kreuz verwirklicht gesehen. Das Kreuz ist der Baum, der uns Leben bringt, der nie verdorrt, weil Christus selbst daran gehangen hat. Der Baum verbindet Himmel und Erde. Er ist tief in der Erde verwurzelt und zieht aus der Mutter Erde seine Kraft. Zugleich ragt er in den Himmel und entfaltet seine Krone nach oben. So ist er ein Bild des Menschen, wie er sein sollte, wenn er wie ein Baum verwurzelt ist und doch aufrecht steht, wie ein königlicher Mensch mit einer Krone. Der Baum, der Schatten spendet, ist ein mütterliches Symbol. Der Baumstamm dagegen ist häufig ein Phallussymbol. So verbindet der Baum männliche und weibliche Züge in sich. Er verbindet nicht nur Himmel und Erde, sondern auch Mann und Frau miteinander.

Im Christbaum sind einige Züge der allgemeinen Symbolik von Bedeutung. Da ist einmal die Verbindung zwischen Himmel und Erde. An Weihnachten hat Gott die Grenze zwischen Himmel und Erde aufgehoben, da ist der Himmel mitten auf der Erde sichtbar erschienen. Dann hat sicher das Bild des abgehauenen Baumes, der wieder ausschlägt, Einfluß auf den Christbaum gehabt. Die adventliche Verheißung aus dem Buch des Propheten Jesaja, daß aus dem Baumstumpf Isais ein Reis hervorsprießt, wird hier bildlich dargestellt. Gerade dort, wo ich gescheitert bin, wo etwas in mir abgeschnitten wurde, wo ein Weg nicht mehr weiter ging, da schenkt mir die Geburt Christi die Gewißheit, daß etwas Neues in mir aufbricht, daß etwas in mir heranwächst, was authentischer und schöner wird als alles Bisherige. Der Christbaum ist ein Bild dafür, daß durch die Geburt Christi das Leben in uns für immer siegt und sich durch keine Winterkälte verdrängen läßt.

## ꕤ 24. ꕤ

Ich kann mich noch gut daran erinnern, wie wir als Kinder am Heiligabend gewartet haben auf das Christkind, auf die Bescherung. Es war eine eigenartige Spannung. Wir gingen mit dem Vater durch die Dunkelheit spazieren, sahen in den Häusern überall Lichter brennen. Und dann mußten wir oben in den Schlafzimmern warten, bis die Weihnachtsglocke läutete. Es war ein geheimnisvolles Erleben, in das nur mit Kerzen beleuchtete Wohnzimmer zu gehen. Kindliche Situationen prägen sich tief in die Seele ein. Wir fühlen uns auch später immer noch daheim, wenn diese Gefühle von früher wieder ausgesprochen werden. Vermutlich ist bei jedem Warten eine Spur des weihnachtlichen Wartens dabei, die Ahnung, daß unser Leben durch das Kommen eines Menschen oder eines Ereignisses heller und heiler wird.

## ꕤ 25. ꕤ

Laß Dich von den weihnachtlichen Engeln einführen in die Leichtigkeit des Seins, in die Freude am Leben. Laß Dir von ihnen sagen, daß Gott Wohlgefallen an Dir hat. Vielleicht bekommst Du dann auch Flügel und kannst Dich mit ihnen über die graue Wirklichkeit emporheben, so daß der Himmel sich über Dir öffnet. Unter den vielen Engeln auf den Weihnachtsbildern ist ganz gewiß einer, der für Dich bestimmt ist, um Dir allein die große Freude zu verkünden, daß für Dich der Retter geboren wurde.

## 26.

Wenn alle Zeiten gleich sind, dann werden sie sinnlos. Wenn der Sonntag zum Alltag wird, dann verdirbt das auch den Alltag, dann wird auch der Alltag leer und öde und verliert seinen Sinn. Das heute weit verbreitete Gefühl der Sinnlosigkeit rührt sicher auch ein Stück davon her, daß man keine Feste mehr feiern kann, die aus der Zeit herausgehoben sind, Feste, an denen etwas Größeres durchbricht, an denen der Sinn des Ganzen durchscheint, weil man sich von Gott berührt weiß. Vom Fest fällt Licht auch auf die übrige Zeit. Sie bekommt eine andere Qualität.

Oft hört man das Argument: Ich kann meine Gefühle nicht machen, ich kann mich nicht einfach auf Kommando freuen, nicht einfach deswegen, weil gerade Weihnachten ist. Aber es ist auch nicht nötig, daß wir uns an Weihnachten in ein Gefühl der Freude hineinsteigern. Es geht vielmehr darum, daß wir uns auf ein von uns unabhängiges Geheimnis einlassen, daß wir uns so, wie wir uns gerade fühlen, mit dem Fest konfrontieren. Was dabei herauskommt, haben wir nicht in der Hand. Aber es tut uns auf jeden Fall gut, uns dem Fest zu stellen. Denn sonst leben wir so dahin und kultivieren unsere Lustlosigkeit und Sinnlosigkeit, ohne diesem Gefühl überhaupt auf den Grund zu gehen. Das Fest wäre ein Spiegel, in dem wir uns anschauen sollten. Und wenn uns Weihnachten auf unsere tiefe Einsamkeit stößt, dann hat es auch einen Sinn. Es ist jedenfalls besser, durch die Konfrontation mit dem Fest an die Wurzel unserer Einsamkeit heranzukommen, als ihr ständig auszuweichen. Von der Wurzel her kann auch Heilung geschehen.

## 27.

Die Bilder von Weihnachten rühren an die Grundlagen unserer Existenz. Sie wollen uns an die Wurzeln unseres Seins heranführen. Sie lenken unseren Blick in längst vergangene Zeiten, die sich aber tief in unsere Seele eingeprägt haben. Es sind nicht nur persönliche Ängste und Sehnsüchte, mit denen wir durch diese Bilder in Berührung kommen. Sie tauchen vielmehr aus dem kollektiven Unbewußten auf, das unser Leben noch heute beeinflußt, auch wenn wir meinen, wir würden uns nur den gegenwärtigen Problemen stellen. Unsere Seele möchte durch die archetypischen Bilder an der Wurzel geheilt werden. Es ist Eintauchen in das heilende Bad der göttlichen Heilkraft, die uns in diesen Bildern zufließt.

## 28.

Es ist sinnvoll, die Wochen um den Jahreswechsel bewußt zu nutzen, um in all den Bildern zu meditieren, wer wir eigentlich sind, woher wir kommen, was unser Leben soll, was uns bedroht und was uns heilt, was uns ängstigt und was uns Vertrauen ins Dasein schenkt. Immer wenn wir ein neues Jahr beginnen und darauf vertrauen, daß unser Leben neu und besser wird, wenden wir uns in Bildern der weihnachtlichen Feste dem Urgrund unseres Lebens zu, damit unser Leben in der Tiefe erneuert wird, daß in unserem Innern die Quelle wieder fließt, aus der wir immer wieder neu schöpfen können, weil sie nie versiegt, weil sie aus Gott selbst in uns einströmt. Der neue Angang wird nur gelingen, wenn er in der Tiefe ansetzt, wenn er alle Bereiche unseres Leibes und unserer Seele, wenn er die inneren Abgründe, das heidnische Wissen um die Dämonen, die magischen Denkmuster, wenn er die Urängste und Ursehnsüchte berücksichtigt. Ohne Eintauchen in die Tiefe keine Erneuerung unseres Lebens.

## 29.

Die Menschen haben ein Bedürfnis, das alte Jahr nicht nur mit Alkohol und Feuerwerk zu beschließen, sondern vor Gott Bilanz zu ziehen, was das vergangene Jahr gebracht hat, was in ihm gewachsen ist. Man möchte das alte Jahr nochmals im Geist Revue passieren lassen, um Gott für das zu danken, was gelungen ist, was einem geschenkt worden ist, und um das Unvollkommene, ja Schuldhafte Gott hinzuhalten, damit es in seinem Erbarmen aufgehoben wird. Indem wir das Vergangene vor Gott dankbar anschauen, fließt es nicht einfach an uns vorbei, sondern wird ein Teil von uns, gleichsam ein Jahresring, der sich in unserem Baum gebildet hat. Wir spüren, was da in uns gewachsen ist, wo Gott uns geführt hat, wo uns ein Schutzengel begleitet hat und wo Neues in uns aufgebrochen ist. In der Meditation des vergangenen Jahres kommen wir dem Geheimnis unseres eigenen Lebens näher. Da spüren wir im Anschauen konkreter Erlebnisse, wer wir eigentlich sind und was wesentlich zu uns gehört.

## 30.

Du feierst die Jahreswende. Es wendet sich etwas in Dir, es wandelt sich. Du verwandelst Dich. Und Du darfst hoffen, daß es sich zum Guten wendet, daß Gott das, was Dich im vergangenen Jahr belastet hat, von Dir wendet und daß er sich Dir gnädig zuwendet, damit das neue Jahr besser wird. Vertraue darauf, daß Gottes gute Hand Dich im neuen Jahr tragen und leiten wird, daß Gottes Zuwendung alles in sich Verdrehte und ineinander Verschlungene, das den Lebensfluß in Dir behindert, wenden, entwinden, entflechten wird. Wende Dich Dir selbst zu, und traue dem Wandlungsprozeß in Dir, du wirst Dich im neuen Jahr verwandeln. Du wirst mehr und mehr in das ursprüngliche Bild hineinwachsen, das Gott sich von Dir gemacht hat. Dann lebst Du stimmig und authentisch.

## 31.

Indem wir ganz im Augenblick sind, fallen Vergangenheit und Zukunft in eins. Schweigend kann ich versuchen, ganz im Augenblick zu sein. Dann taucht eine Ahnung auf, daß da Zeit und Ewigkeit miteinander eins sind. Das ist das tiefste Geheimnis der Zeit, daß die Ewigkeit selbst einbricht in unsere Zeit, daß im Augenblick das Rinnende der Zeit aufgehoben ist und die Zeit stehenzubleiben scheint. Dann ahnen wir, daß Himmel und Erde eins sind, Zeit und Ewigkeit, Gott und Mensch.

Angelus Silesius hat dieser Erfahrung unvergeßlichen Ausdruck gegeben:

„Zeit ist wie Ewigkeit und Ewigkeit wie Zeit,
So du nur selber nicht machst einen Unterschied.
Ich selbst bin Ewigkeit, und wenn ich die Zeit verlasse
Und mich in Gott und Gott in mich zusammenfasse."

# Textnachweis

## Veröffentlichungen von Anselm Grün:

*50 Engel für das Jahr.* Herder 1997 (= Jahr).

*50 Engel für die Seele.* Herder 2000 (= Seele).

*Der Anspruch des Schweigens.* Münsterschwarzacher Kleinschriften 11. Vier-Türme-Verlag Münsterschwarzach 1984 (= Schweigen).

*Auf dem Wege.* Münsterschwarzacher Kleinschriften 22. Vier-Türme-Verlag Münsterschwarzach 1983 (= Wege).

*Benediktinische Schöpfungsspiritualität.* Zusammen mit Alois Seuferling. Münsterschwarzacher Kleinschriften 100. Vier-Türme-Verlag Münsterschwarzach 1996 (= Schöpfung).

*Benedikt von Nursia.* Münsterschwarzacher Kleinschriften 7. Vier-Türme-Verlag Münsterschwarzach 1979 (= Benedikt).

*Bete und arbeite.* Zusammen mit Fidelis Ruppert. Münsterschwarzacher Kleinschriften 17. Vier-Türme-Verlag Münsterschwarzach 1982 (= Bete).

*Bilder von Verwandlung.* Münsterschwarzacher Kleinschriften 71. Vier-Türme-Verlag Münsterschwarzach 1993 (= Bilder).

*Chorgebet und Kontemplation.* Münsterschwarzacher Kleinschriften 50. Vier-Türme-Verlag Münsterschwarzach 1989 (= Chorgebet).

*Christus im Bruder.* Zusammen mit Fidelis Ruppert. Münsterschwarzacher Kleinschriften 3. Vier-Türme-Verlag Münsterschwarzach 1979 (= Christus).

*Dimensionen des Glaubens.* Münsterschwarzacher Kleinschriften 39. Vier-Türme-Verlag Münsterschwarzach 1987 (= Dimensionen).

*Einreden.* Münsterschwarzacher Kleinschriften 19. Vier-Türme-Verlag Münsterschwarzach 1983 (= Einreden).

*Exerzitien für den Alltag.* Münsterschwarzacher Kleinschriften 106. Vier-Türme-Verlag Münsterschwarzach 1997. 4. Auflage 1998 (= Exerzitien).

*Fasten.* Münsterschwarzacher Kleinschriften 23. Vier-Türme-Verlag Münsterschwarzach 1984 (= Fasten).

*Gebet als Begegnung.* Münsterschwarzacher Kleinschriften 60. Vier-Türme-Verlag Münsterschwarzach 1990. 4. Auflage 1994 (= Gebet).

*Gebet und Selbsterkenntnis.* Münsterschwarzacher Kleinschriften 1. Vier-Türme-Verlag Münsterschwarzach 1984, 7. Auflage 1994 (= Selbsterkenntnis).

*Gesundheit als geistliche Aufgabe.* Zusammen mit Meinrad Dufner. Münsterschwarzacher Kleinschriften 57. Vier-Türme-Verlag Münsterschwarzach 1989. 6. Auflage 1994 (= Gesundheit).

*Glauben als Umdeuten.* Münsterschwarzacher Kleinschriften 32. Vier-Türme-Verlag Münsterschwarzach 1986 (= Glauben).

*Heilendes Kirchenjahr.* Zusammen mit Michael Reepen. Münsterschwarzacher Kleinschriften 29. Vier-Türme-Verlag Münsterschwarzach 1985. 6. Auflage 1995 (= Kirchenjahr).

*Herzensruhe.* Herder 1998 (= Herzensruhe).

*Jeder Mensch hat einen Engel.* Herder 1999 (= Mensch).

*Leben aus dem Tod.* Münsterschwarzacher Kleinschriften 92. Vier-Türme-Verlag Münsterschwarzach 1995 (= Tod).

*Lebensmitte als geistliche Aufgabe.* Münsterschwarzacher Kleinschriften 13. Vier-Türme-Verlag Münsterschwarzach (= Lebensmitte).

*Spiritualität von unten.* Zusammen mit Meinrad Dufner. Münsterschwarzacher Kleinschriften 82. Vier-Türme-Verlag Münsterschwarzach 1994. 2. Auflage 1994 (= Spiritualität).

*Träume auf dem geistlichen Weg.* Münsterschwarzacher Kleinschriften 52. Vier-Türme-Verlag Münsterschwarzach 1989 (= Träume).

*Der Umgang mit dem Bösen.* Münsterschwarzacher Kleinschriften 6. Vier-Türme-Verlag Münsterschwarzach 1979 (= Böses).

*Vergib dir selbst.* Münsterschwarzacher Kleinschriften 120. Vier-Türme-Verlag Münsterschwarzach (= Vergib).

*Wege zur Freiheit.* Münsterschwarzacher Kleinschriften 102. Vier-Türme-Verlag Münsterschwarzach 1996 (= Freiheit).

*Weihnachten – Einen neuen Anfang feiern.* Herder 1999 (= Weihnachten).

*Zerrissenheit.* Münsterschwarzacher Kleinschriften 114. Vier-Türme-Verlag Münsterschwarzach 1998 (= Zerrissenheit).

**Januar**

1.1. Weihnachten 128; 2.1. Jahr 131; 3.1. Weihnachten 129; 4.1. Jahr 65 f.; 5.1. Tod 15 f.; 6.1. Träume 19; 7.1. Weihnachten 136; 8.1. Träume 18; 9.1. Weihnachten 134; 10.1. Jahr 25; 11.1. Mensch 107; 12.1. Jahr 85; 13.1. Schweigen 42; 14.1. Zerrissenheit 46; 15.1. Weihnachten 63; 16.1. Jahr 47; 17.1. Jahr 25; 18.1. Lebensmitte 27; 19.1. Jahr 131 f.; 20.1. ebda. 132; 21.1. Einreden 31 f.; 22.1. Vergib 69 f.; 23.2. Jahr 114 f.; 24.1. ebda. 119 f.; 25.1. Mensch 153 f.; 26.1.

Jahr 121; 27.1. Weihnachten 92; 28.1. Jahr 10; 29.1. ebda. 90; 30.1. ebda. 91; 31.1. ebda. 48.

**Februar**

1.2. Tod 81f.; 2.2. Freiheit 24; 3.2. Jahr 64; 4.2. Vergib 99; 5.2. Zerrissenheit 95; 6.2. Selbsterkenntnis 10; 7.2. Gesundheit 13; 8.2. Jahr 39; 9.2. ebda. 52; 10.2. Dimensionen 60; 11.2. Mensch 128; 12.2. Jahr 56; 13.2. Träume 65; 14.2. ebda. 35–36; 15.2. Jahr 155f.; 16.2. Herzensruhe 121f.; 17.2. ebda. 114; 18.2. ebda. 82; 19.2. Freiheit 8f.; 20.2. Gesundheit 16; 21.2. Herzensruhe 118; 22.2. Einreden 22; 23.2. Jahr 70f.; 24.2. ebda. 16; 25.2. Gesundheit 73f.; 26.2. Jahr 104; 27.2. ebda. 21; 28.2. Zerrissenheit 57; 29.2. Jahr 138f.

**März**

1.3. Herzensruhe 147; 2.3. ebda. 121; 3.3. Spiritualität 81; 4.3. Dimensionen 22; 5.3. Freiheit 87; 6.3. Dimensionen 23; 7.3. ebda. 23f.; 8.3. ebda. 24f.; 9.3. Selbsterkenntnis 38; 10.3. Einreden 53f.; 11.3. ebda. 53; 12.3. Gesundheit 59; 13.3. ebda. 34; 14.3. Gesundheit 17; 15.3. Mensch 129f.; 16.3. Glauben 43f.; 17.3. Vergib 100; 18.3. ebda. 37; 19.3. Zerrissenheit 77f.; 20.3. Vergib 35f.; 21.3. ebda. 33f.; 22.3. Seele; 23.3. Vergib 34f.; 24.3. ebda. 43; 25.3. ebda. 36f.; 26.3. ebda. 39; 27.3. Böses 70; 28.3. Glauben 50; 29.3. Jahr 15; 30.3. Mensch 40f.; 31.3. Jahr 96.

**April**

1.4. Zerrissenheit 16f.; 2.4. Jahr 116f.; 3.4. Herzensruhe 138; 4.4. Fasten 65f.; 5.4. Seele; 6.4. Fasten 57; 7.4. Herzensruhe 141f.; 8.4. ebda. 138f.; 9.4. Jahr 33; 10.4. Seele; 11.4. Freiheit 85; 12.4. Gesundheit 43; 13.4. Fasten 64f.; 14.4. Jahr 23; 15.4 Fasten 18.; 16.4. Seele; 17.4. Fasten 18f.; 18.4. Freiheit 83f.; 19.4. Fasten 16f.; 20.4. Seele; 21.4. Kirchenjahr 43f.; 22.4. Tod 99f.; 23.4. Dimensionen 47; 24.4. Tod 13f.; 25.4. Bilder 22; 26.4. Lebensmitte 30f.; 27.4. Jahr 71; 28.4. Einreden 35f.; 29.4. Mensch 146; 30.4. ebda. 148.

**Mai**

1.5. Jahr 30; 2.5. Seele; 3.5. Zerrissenheit 62f., 4.5. Freiheit 47; 5.5. Jahr 74f.; 6.5. ebda. 40; 7.5. ebda. 150; 8.5. Zerrissenheit 102f.; 9.5. Jahr 18; 10.5. Freiheit 17; 11.5. Jahr 149; 12.5. ebda. 109; 13.5. Jahr 14; 14.5. Seele; 15.5. Jahr 106; 16.5. Glauben 37f.; 17.5. ebda. 41; 18.5. ebda. 62f.; 19.5. Jahr 12; 20.5.

ebda. 13; 21.5. ebda. 59; 22.5. ebda. 100f.; 23.5. ebda. 106; 24.5. Weihnachten 119; 25.5. ebda. 64; 26.5. Freiheit 97; 27.5. ebda. 91f.; 28.5. Glauben 51; 29.5. ebda. 50; 30.5. Weihnachten 116; 31.5. Jahr 14.

**Juni**

1.6. Herzensruhe 19f.; 2.6. ebda. 42; 3.6. ebda. 22; 4.6. Zerrissenheit 7; 5.6. ebda. 8; 6.6. Freiheit 41; 7.6. Herzensruhe 126; 8.6. ebda. 32; 9.6. Glauben 42f.; 10.6. Herzensruhe 56; 11.6. Kirchenjahr 67f.; 12.6. Jahr 32; 13.6. Bete 68f.; 14.6. Tod 10f.; 15.6. Herzensruhe 59; 16.6. Seele ; 17.6. Glauben 26f.; 18.6. Gesundheit 87; 49; 19.6. Glauben 49; 20.6. Einreden 20; 21.6. Jahr 144f.; 22.6. Glauben 43; 23.6. ebda. 61f.; 24.6. ebda. 16f.; 25.6. Benedikt 24f.; 26.6. Gesundheit 45; 27.6. ebda. 45; 28.6. Herzensruhe 134f.; 29.6. ebda. 112; 30.6. ebda. 71.

**Juli**

1.7. Jahr 113; 2.7. Herzensruhe 7; 3.7. ebda. 11f.; 4.7. Freiheit 25; 5.7. Jahr 26; 6.7. Weihnachten 14; 7.7. Träume 44; 8.7. Wege 24; 9.7. ebda. 30; 10.7. ebda. 65f.; 11.7. Träume 44; 12.7. Herzensruhe 131f.; 13.7. ebda. 141; 14.7. ebda. 91; 15.7. Jahr 114; 16.7. Herzensruhe 108f.; 17.7. ebda. 109; 18.7. Jahr 48; 19.7. Freiheit 66f.; 20.7. Herzensruhe 126; 21.7. ebda. 113; 22.7. Weihnachten 27; 23.7. Herzensruhe 150; 24.7. ebda. 149f.; 25.7. Gesundheit 43; 26.7. ebda. 41f.; 27.7. ebda. 40; 28.7. ebda. 41; 29.7. ebda. 47f.; 30.7. ebda. 46f.; 31.7. Herzensruhe 148.

**August**

1.8. Seele; 2.8. ebda.; 3.8. Kirchenjahr 18f.; 4.8. Schöpfung 19f.; 5.8. Herzensruhe 20; 6.8. ebda. 26f.; 7.8. Jahr 113; 8.8. ebda. 36; 9.8. Herzensruhe 115; 10.8. Wege 23; 11.8. ebda. 22f.; 12.8. ebda. 23; 13.8. Herzensruhe 149; 14.8. ebda. 114; 15.8. Selbsterkenntnis 15; 16.8. Weihnachten 21; 17.8. ebda. 21f.; 18.8. Seele; 19.8. Freiheit 29; 20.8. Zerrissenheit 61f.; 21.8. ebda. 91; 22.8. Chorgebet 27; 23.8. Glauben 29; 24.8. Schweigen 15; 25.8. Herzensruhe 119; 26.8. Selbsterkenntnis 19; 27.8. ebda. 11; 28.8. Selbsterkenntnis 19; 29.8. ebda. 16; 30.8. Vergib 49; 31.8. Schweigen 19.

**September**

1.9. Jahr 43; 2.9. ebda. 43; 3.9. ebda. 74; 4.9. ebda. 120; 5.9. Herzensruhe 135; 6.9. Einreden 30f.; 7.9. Herzensruhe 135f.; 8.9. Schöpfung 73f.; 9.9. Herzensruhe 137; 10.9. ebda. 103; 11.9. Seele; 12.9. Jahr 155; 13.9. Seele; 14.9. ebda.; 15.9. Träume 7; 16.9. Gesundheit 61; 17.9. ebda. 60f.; 18.9. ebda. 41f.; 19.9. ebda. 66f.; 20.9. ebda. 39f.; 21.9. Lebensmitte 8; 22.9. Jahr 122; 23.9. Gesundheit 70; 24.9. Träume 29f.; 25.9. ebda. 9; 26.9. ebda. 21f.; 27.9. ebda. 41; 28.9. Gebet 12; 29.9. ebda. 13; 30.9. Seele.

**Oktober**

1.10. Zerrissenheit 104; 2.10. Freiheit 97f.; 3.10. Jahr 52 ff.; 4.10. Seele; 5.10. ebda.; 6.10. ebda.; 7.10. ebda.; 8.10. ebda.; 9.10. Schweigen 22; 10.10. Vergib 38; 11.10. ebda. 25; 12.10. ebda. 29f.; 13.10. Seele; 14.10. Vergib 47; 15.10. Schweigen 22f.; 16.10. ebda. 21f.; 17.10. ebda. 33; 18.10. ebda. 23f.; 19.10. ebda. 35; 20.10. ebda. 16; 21.10. Zerrissenheit 53; 22.10. Vergib 9; 23.10. Mensch 57; 24.10. Seele; 25.10. Jahr 147f.; 26.10. Dimensionen 65f.; 27.10. Glauben 48; 28.10. Christus 44f.; 29.10. Selbsterkenntnis 23f.; 30.10. Seele; 31.10. Jahr 68f.

**November**

1.11. Lebensmitte 39f.; 2.11. Tod 16f.; 3.11. ebda. 9f.; 4.11. Jahr 85f.; 5.11. Dimensionen 32; 6.11. Tod 31; 7.11. Jahr 84; 8.11. Lebensmitte 50; 9.11. Tod 18f.; 10.11. ebda. 96; 11.11. Jahr 104; 12.11. Lebensmitte 50f.; 13.11. ebda. 51; 14.11. Tod 60f.; 15.11. ebda. 56; 16.11. Selbsterkenntnis 26f.; 17.11. Gesundheit 68f.; 18.11. Tod 55f.; 19.11. Jahr 140f.; 20.11. Selbsterkenntnis 35; 21.11. Seele; 22.11. Selbsterkenntnis 38f.; 23.11. Einreden 21; 24.11. Selbsterkenntnis 37; 25.11. Mensch 152; 26.11. ebda. 151; 27.11. Tod 97; 28.11. ebda. 17f.; 29.11. Exerzitien 50f.; 30.11. Jahr 32.

**Dezember**

1. 12. Weihnachten 22; 2. 12. ebda. 20f.; 3. 12. ebda. 42f.; 4. 12. ebda. 34; 5. 12. ebda. 16f.; 6. 12. ebda. 37f.; 7. 12. Träume 15f.; 8. 12. Weihnachten 18; 9. 12. ebda. 17; 10. 12. ebda. 45; 11. 12. ebda. 51; 12.12. ebda. 52; 13. 12. ebda. 24f.; 14. 12. ebda. 53; 15. 12. 54f.; 16. 12. ebda. 33; 17. 12. ebda. 130f.; 18. 12. ebda. 104; 19. 12. Böses 63; 20. 12. Weihnachten 103f.; 21. 12. ebda. 7; 22. 12. ebda. 61; 23. 12. 100f.; 24. 12. ebda. 18f.; 25. 12. ebda. 93; 26. 12. Kirchenjahr 20; 27. 12. Weihnachten 158; 28. 12. ebda. 158f.; 29. 12. ebda. 124; 30. 12. ebda. 126; 31. 12. ebda. 125f.